威武不屈故事

民族魂 学生成长励志故事读本

陈志宏◎编著

延边大学出版社

·延吉·

图书在版编目（CIP）数据

威武不屈故事 / 陈志宏著 . —延吉：延边大学出版社，2013.3（2024.1 重印）

ISBN 978-7-5634-5394-8

Ⅰ.①威⋯ Ⅱ.①陈⋯ Ⅲ.①品德教育—中国—青年读物 ②品德教育—中国—少年读物 Ⅳ.① D432.62

中国版本图书馆 CIP 数据核字 (2013) 第 049243 号

威武不屈故事

主编：陈志宏
责编：郭玉玲
封面设计：映像视觉
出版发行：延边大学出版社
社址：吉林省延吉市公园路 977 号　邮编：133002
电话：0433-2732435　传真：0433-2732434
网址：http://www.ydcbs.com
印刷：天津市天玺印务有限公司
开本：155×220 毫米　　1/16
印张：8
字数：50 千字
版次：2013 年 03 月第 1 版
印次：2024 年 01 月第 4 次印刷
书号：ISBN 978-7-5634-5394-8
定价：38.00 元

版权所有　侵权必究　印装有误　随时调换

民族魂，是一个民族的精髓，体现了一种民族的精神，是民族存在的精神支柱。

说起民族的精神，人们通常都会想到爱国主义。从古代的屈原、岳飞，到近代为保卫祖国领土完整的人民英雄；从古代的发明家张衡、毕昇，到今天为祖国的建设事业贡献力量的科学家；从古代的李白、杜甫，到今天为民族文学艺术的提高而不懈奋斗的文学家……在他们身上，都体现出一种广义的爱国主义和爱国精神。

爱国主义是一种伟大的民族精神，也是中华民族的传统美德，与我们祖国上下五千年的历史一样源远流长。作为一种巨大的精神力量，它对中华民族的历史发展与进步产生了重大的影响。

民族魂 学生成长励志故事读本

前 言

在我国古代历史上，不仅出现过许多杰出的政治家、军事家、思想家、文学家、科学家、艺术家，还出现过一大批忧国忧民、鞠躬尽瘁的仁人志士和抗击外敌、抵御入侵的民族英雄。他们或开发和改造祖国的河山，创造灿烂的中华文明；或英勇反击民族压迫和外来侵略，捍卫国家的主权和民族的尊严；或坚决反对民族分裂，维护国家的统一和民族的团结；或顺应历史潮流，积极改革弊政，励精图治，治国安邦，施利于民……他们从不同的侧面体现了中华民族的爱国主义精神，谱写了爱国主义的壮丽诗篇，铸造了中华民族坚不可摧的"民族

之魂"。

人们之所以将爱国主义精神作为中华民族精神的主要特征,是因为19世纪以来的中华民族饱受外来民族的欺凌、压迫和剥削,从而需要以爱国主义来凝聚人心、努力奋斗,从而获得民族的解放。

翻开中国近代史册,最触目惊心的是一场场的战争、一件件的国耻。深重的民族灾难,撞击着每一个爱国者的心。帝国主义列强发动了第一次鸦片战争、第二次鸦片战争、中法战争、中日甲午战争、八国联军之役等大小100多次战争。每一次战争,都以强迫清政府签订不平等条约而结束。

面对亡国灭种的威胁,华夏大地的炎黄子孙们掀起了波澜壮阔的爱国热潮,创造了光照千秋的爱国主义业绩。中华民族所散发出来的民族精神,无论在深度和广度上都是前无古人的。无数民族英雄、志士仁人,在救国图存、振兴中华的斗争中所表现出来的爱国精神,既是对中华民族古代爱国主义传统的继承与发扬,又具有鲜明的时代特征。

除了爱国主义之外,勤劳、勇敢、诚信、团结、知礼、尊贤、节俭、敬业,热爱和平、不屈不挠、自强不息、励精图治、开拓创新等,也都是中华民族的精神精髓,是中华民族灵魂的具体表现。在五千年的历史中,我们的先辈在这片土地上,以这种高尚的品行和美德不

断地开辟，才有了如今屹立于世界民族之林的东方强国。作为一个有着漫长历史的积淀与升华的民族，伟大的民族精神早已烙刻在了我们每个人的灵魂深处，与我们的血肉融合在一起。

青少年是国家的希望，也是民族不断发展和延续的根本。总有一天，我们的民族精神、我们祖国的这片神奇的土地要传到当代青少年手中。从这个意义上来说，我们民族精神的生机与活力，我们祖国的命运与前途，也掌握在青少年的手中。因此，青少年的爱国主义教育和励志图强教育也就显得更加重要。为了增强和提升国民教育，尤其是青少年的爱国主义精神、民族精魂志向，我们精心编写了本套丛书——《民族魂——学生成长励志故事读本》丛书。

本套丛书将有史以来体现民族精神和民族灵魂的典型事迹，以通俗易懂的故事形式娓娓道来，非常适合青少年的阅读水平和欣赏口味。书中提供了古往今来多个典型人物和事件典范，展现出的人物也涉及社会的各个层面，有利于青少年立心、立志、爱国、进取，从而全方位地领悟中华民族的精神、灵魂之所在。

在本套丛书中，为帮助读者更好地理解和学习这些源远流长的美好精神，我们还在每一篇故事后面给出了"心灵物语"，旨在令故事更加结合现代社会，结合我们自身的道德发展，提高我们的民族爱国精神，并由此

而引发读者进一步的思考。

深刻的哲理人生，表现了博大精深的文化；精彩的人物事迹，道出了励精图治的典范；历代的爱国故事，喻出了民族精神的深意；高尚的品德展现，浓缩了上下五千年的灿烂文明……我们希望，青少年朋友们通过阅读本套丛书，能够受到深刻的爱国主义教育，能够真正体会到中华民族的灵魂所在，同时更能够汲取精华，励精图治，为提升自己的个人素质、为祖国未来的建设和发展作出努力。

全套丛书分类编排，内容详尽，文字优美，风格独具，是广大读者，尤其是青少年爱国励志教育的优秀读物。我们相信，本套丛书一定可以成为青少年朋友们的良师益友。

导言

　　所谓气节，就是如孟子所言"富贵不能淫，贫贱不能移，威武不能屈"的精神，儒家学说的核心理论之一"饿死事小，失节事大"，就是指气节。气节，历来是被中华民族所推崇、所敬仰的一种精神，一种骨气，一种可歌可泣的境界。古人有道：事业文章，随身销毁，而精神万古如新；功名富贵，逐世转移，而气节千载一日。气节，是一种热爱祖国、坚持正义、永不屈服的高尚品质。

　　中华民族自古以来就是一个注重气节的民族，在中华民族浩瀚的文化长卷里，记载过不少关于气节的文字和诗句：《论语·子罕》中有："士可杀而不可辱"；《北齐书》中有："大丈夫宁可玉碎，不为瓦全"；于谦曾言："粉身碎骨浑不怕，留得清白在人间"；李白有："安能摧眉折腰事权贵，使我不得开心颜"之诗句；文天祥《过零丁洋》中的"人生自古谁无死，留取丹心照汗青"，更是一首脍炙人口的千古绝唱。

　　翻开中华五千年文明史册，最壮丽、最明亮的就是那气贯长虹的气节实践。苏武持节牧羊19年、文天祥后世留英名、太史伯兄弟秉笔直书、黄钊宁死不降倭寇、邓世昌殉难黄海、李大钊"宁可断头流血，决不出卖灵魂"、顾维钧拒签不平等条约、张剑珍临刑唱壮歌……这些民族的精英们，为民族大义视死如归，他们是国之脊梁，他们是中华民族之魂魄！

　　看一个人的气节如何，在许多境况下都有最实际的考验：民族危亡时，是以民族大义为重舍身取义，还是丧失民族气节苟且偷生？在强权高压时，是不畏权贵坚持真理，还是奴颜婢膝做"软骨头"？在沉渣泛起时，是仗义执言揭露批判还是听之任之，甚至"助纣为虐"？在身处逆境时，是"穷且益坚，不坠青云之志"，还是身心扭曲一蹶不振？而更多、更现实的考验则是如何对待功名利禄，或在名利诱惑面前如何表现。人生在世，立身做人要先以节为本，有气节才有节操，有气节才有勇气。气节在，人就立得起，行得正，走得直，就可以顶天立地；气节在，灾难降临的时候就可以做到不妥协、不退缩、不苟且！

在改革开放和发展社会主义市场经济的新形势下，社会上出现了形形色色、五花八门的诱惑，对人们特别是对党员和领导干部更是严峻的考验。如果缺乏政治素质，缺乏道德修养，法制观念不强，被利益所诱惑，被贪念所左右，从而丢掉了气节，那么，就会失节无德，做出令人唾弃的甚者违法的事。小则损公肥私、以权谋利，大则胡作非为、贪赃枉法，这种事情已屡见不鲜。所以，在新形势下如何保持自己的情操和气节，依然是当今需要人们认真反思的问题。

本书中，我们精心选编了历史上体现"气节如山"精神的经典故事，希望读者通过阅读此书，更深刻地理解它的内涵意义，从中有所领悟并受到启迪。在自己的日常生活和学习工作中，能够以他们为楷模，做到洁身自好，不断地完善自我，抵制各种不良诱惑，抵制社会上的歪风邪气，做一个有高尚品德和有气节的人。

目录 CONTENTS

第一篇　誓死不屈民族魂

2　苏武持节牧羊19年

6　种师道老当益壮

9　洪皓出使坚贞不屈

14　文天祥后世留英名

19　李庭芝焚诏拒降

24　黄道周慷慨就义

27　黄钊宁死不降倭寇

29　于学忠威武不屈

33　伯锡尔为国捐躯

36　邓世昌殉难黄海

第二篇　大丈夫死足何兮

40　晏子临危不失节

42　吴佩孚不屈日本人

46　元景皓"宁为玉碎"

48　雷海青琴砸安禄山

52　李大钊临刑大义凛然

54　程儒香视死如归

57　杨靖宇不屈酷刑

62　张剑珍临刑唱壮歌

65　赵尚志宁死不屈

68　罗荣德铮铮铁骨

民族魂——学生成长励志故事读本
MINZUHUNXUESHENGCHENGZHANGLIZHI
　　　　GUSHIDUBEN

第三篇　国家尊严至高无上
　74　王瑀维护国家尊严
　76　林摅奉使不畏权
　78　顾维钧拒签不平等条约
　84　王选奋战在伸张正义之路上
　90　丁肇中坚持用汉语发言

第四篇　一身正气威武不屈
　94　叔孙豹忠贞信义
　97　四兄弟秉笔直书
　100　臧霸舍生忘死
　102　南霁云"宁掉头颅垂青史"
　105　胡铨冒死上奏"斩桧书"
　108　毛泽建舍生取义
　112　第一个共产党女将军李贞
　116　《挺进报》编辑陈然

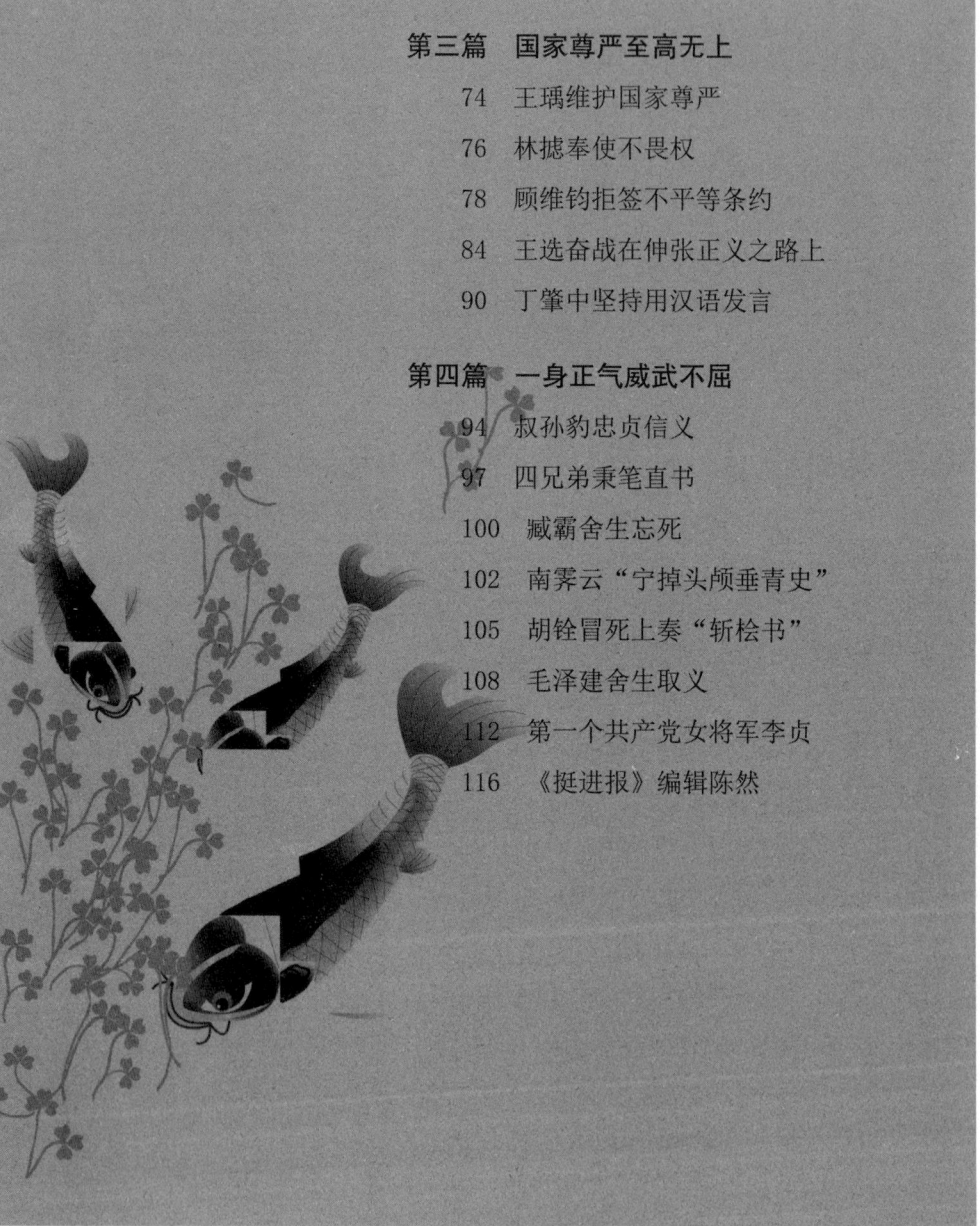

第一篇
誓死不屈民族魂

苏武持节牧羊19年

> 苏武（公元前140—前60年），字子卿，杜陵（今陕西西安东南）人，代郡太守，苏建之子。天汉元年（公元前100年），苏武拜中郎将，奉命持节出使匈奴，但不幸被扣留。匈奴贵族多次威胁利诱，欲使其投降，未遂。后将他流放到北海（今贝加尔湖）边牧羊。苏武历尽艰辛，留居匈奴19年持节不屈。至始元六年（公元前81年）方获释回汉。苏武死后，汉宣帝将其列为麒麟阁十一功臣之一，彰显其节操。

匈奴是生活在中国北方的少数民族，他们以游牧为生，生性剽悍善战，经常袭扰内地，劫掠人口和财物，成为秦、汉之际主要的边患。

汉武帝时期，国力强盛，汉朝对匈奴发动了几次大规模的战争，取得了很大的胜利，却没有从根本上解决问题。

匈奴被汉军打败以后，双方有好几年相安无事。匈奴和汉朝经常互派使者往来，但扣留使者的事也时有发生。

公元前100年，汉武帝又准备出兵攻打匈奴，匈奴派使者来求和，答应把扣留的使者都放回来。汉武帝为了回应匈奴的善意，派中郎将苏武持着旌节，带着副手张胜和随员常惠等人出使匈奴。

苏武到了匈奴，送上礼物。苏武正等单于写个回信让他回去，不料此时匈奴内部出了一件事，并牵连到苏武使团的成员。

苏武没到匈奴之前，有一个生长在汉朝的匈奴人，叫卫律，在出使匈奴时投降了匈奴。单于特别重用他，封他为王。卫律有一个部下叫虞常，对卫律很不满意。虞常与苏武的副手张胜原来是朋友，就暗地里跟张胜商量，想杀了卫律，并劫持单于的母亲，逃回中原去。张胜对虞常的境遇表示同情，但没想到虞常的计划泄露了，虞常被匈奴人逮捕。单于大怒，叫卫律审问虞常，定要查出同谋的人。

苏武本来不知道这件事，到了这时候，张胜怕受牵连，不得不将事情原委告诉苏武。苏武说："事情已经到这个地步，一定会牵连到我。如果让匈奴审问以后再死，不是更给朝廷丢脸吗？"说罢，苏武就拔出刀来要自杀。张胜和随员常惠眼快，夺去他手里的刀，把他劝住了。

虞常受尽种种刑罚，只承认与张胜是朋友，说过话，拼死也不承认和张胜有牵连。单于大怒，想杀死苏武，被部下劝阻了，单于又叫卫律去逼迫苏武投降。

苏武一听卫律叫他投降，就说："我是汉朝的使者，如果违背了使命，丧失了气节，活下去还有什么面目以对世人。"说完，便拔出佩戴的刀剑要自刎。卫律慌忙把他抱住，但苏武已受了重伤，昏了过去。经过抢救，苏武才慢慢苏醒过来。

单于觉得苏武是个有气节的人，十分钦佩他。等苏武伤痊愈了，单于派卫律审问虞常，让苏武在旁边听着，借这个机会又想逼苏武投降。卫律先把虞常定了死罪并斩杀，接着，又举剑威胁张胜，张胜贪生怕死，很快就投降了。卫律对苏武说："你的副手有罪，你也得连坐。"

苏武说："我既没有与他同谋，又不是他的亲属，为什么要连坐？"

卫律又举起剑威胁苏武，苏武声色凛然。卫律没法，只好把举起的剑放下来，劝苏武说："我也是不得已才投降匈奴的，单于待我很好，封我为王，给我几万名的部下和满山的牛羊，享尽富贵荣华。先生如果能够投降匈奴，也能跟我一样，何必白白送掉性命呢？"

苏武大义凛然地站起来，说："卫律！你生长在汉地，做了汉朝的臣下。你忘恩负义，背叛了父母，背叛了朝廷，厚颜无耻地做了奴隶，还有什么脸来和我说话。我决不会投降，怎么逼我也没有用！"

卫律碰了一鼻子灰，回去向单于报告。单于下令把苏武关进地窖里，不给他吃的喝的，想用长期折磨的办法，逼他屈服。

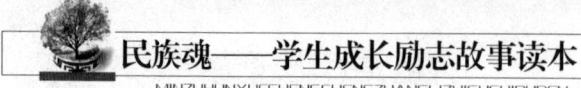

这时候正是入冬天气，外面下着鹅毛大雪，苏武饥寒交迫。渴了，就捧一把雪止渴；饿了，就扯一些毛毡子啃着充饥。过了十几天，居然没有饿死，这让匈奴人很惊异。

单于见折磨苏武达不到目的，就把他流放到北海（今俄罗斯境内贝加尔湖）边去放羊，把他跟他的部下常惠分隔开来，不许他们通消息，还对苏武说："等公羊生了小羊，才能放你回去。"公羊怎么会生小羊呢？这不过是说要长期监禁他罢了。

苏武到了北海，依然拿着表示他身份的节杖。匈奴不给口粮，他就掘田鼠洞里的粮食和草根充饥。他托着旌节放羊，不管醒着还是睡着，旌节都拿在手中。天长日久，旌节上的穗子全掉了。

公元前85年，匈奴的单于死了，匈奴发生内乱，分成了三部。新单于没有力量再与汉朝打仗，又打发使者到汉朝求和。这时候，汉武帝已死去，他的儿子汉昭帝即位。汉昭帝派使者到匈奴去，要求单于放回苏武，匈奴谎说苏武已经死了，使者信以为真，就没有再提。

后来，汉朝使者又到匈奴去，他发现苏武的随从常惠还在匈奴。他买通匈奴人，私下和汉朝使者见面，把苏武在北海牧羊的情况告诉了使者。使者见了单于，严厉责备他说："匈奴既然存心同汉朝和好，不应该欺骗汉朝。我们皇上在御花园射下一只大雁，雁脚上拴着一条绸子，上面写着苏武还在世的消息，你怎么说他死了呢？"

单于听了非常吃惊，他真的以为是苏武的忠义感动了飞鸟，连大雁也替他送消息呢。他向使者道歉说："苏武确实是活着，我们把他放回去就是了。"

苏武出使的时候才40岁，在匈奴受了19年的折磨，归国时胡须、头发全白了。回到长安的那天，长安的人民都出来迎接他。他们瞧见白胡须、白头发的苏武手里拿着光杆子的旌节，没有一个不受感动的，说他真是个有气节的大丈夫。

▣心灵物语

苏武是中华民族气节如山的代表人物。手持的汉旌节可以磨掉所有旌穗，心里的汉朝威仪却不能受到半点儿侮辱。虽然被匈奴俘虏，却死也不能放弃汉家的铁骨。苏武这种坚贞不屈的壮举表现了他高尚的民族气节和爱国情操。苏武的气节鼓舞和激励了一代又一代中华民族的子孙，为后代留下了宝贵的精神财富。

史海钩沉

汉武帝的经济措施

在经济方面，汉武帝采取重农轻商、整顿财政的措施，颁布"算缗""告缗"令，征收商人资产税，大力打击奸商；又采取桑弘羊的建议，将冶铁、煮盐收归官营，禁止郡国铸钱，统一铸造五铢钱；设置平准官、均输官，由官府经营运输和贸易，大大增强了国家的经济实力。同时，兴修水利、移民西北屯田、实行"代田法"，均有利于农业生产的发展。此外，汉武帝还有一条重要的举措，就是对当时的货币进行了统一。

文苑荟萃

苏武墓

苏武墓为陕西省重点文物保护单位。苏武墓位于咸阳城西49公里处武功县武功镇龙门村。清乾隆巡抚毕沅题碑，同治年间（1862—1874年）知县陈尔茀等题碣。

20世纪40年代末尚有围墙、院落、门楣，后被拆，仅存墓冢，高约1.5米。1979年，苏武墓被公布为省级文物保护单位，并立标识，确定保护范围，划定墓面积330平方米，设门楣建围墙。

1938年，菲律宾华侨成立"南洋武功苏氏宗亲会"，1993年，更名"世界苏氏宗亲会"。1997年，"宗亲会"追本溯源，寻根谒祖，组团回武功拜谒苏氏墓。

种师道老当益壮

> 种师道(1051—1126年),原名建中,又名师极,字彝叔,洛阳(今属河南)人。北宋名将,北宋末期著名的贤士、军事家。

北宋时期有三世为将的种氏一家。种世衡治边有方,名扬西夏;其子古、谔、诊皆有将才,关中号称"三种"。种世衡之孙种师道更是青出于蓝而胜于蓝。

种师道少时拜著名思想家张载为师,入仕途时初为文官,曾任熙州(今甘肃临洮)推官,原州(今宁州固原)通判。

当宋与夏划定边界时,种师道与夏使焦彦坚周旋,义正辞严,维护了大宋的利益。

种师道生活的年代正是宋与西夏纠缠不休的年代。西夏乃党项羌所建立的政权,都兴庆府(今宁夏银川东南)最盛时辖22州,与辽、金先后成为与宋鼎峙的政权。

11世纪40年代,宋与西夏多次交战,一度失利,不得不承认西夏国的独立,并以"赏赐"的名义向西夏缴纳了许多财物,但边界上一直冲突不断。

种师道从武后担当了抵御西夏的任务,历任洛州(今河北永年东)防御使,渭州(今甘肃平凉)知州。由于他抵御西夏有功,晋侍卫亲军军马副都指挥使，应道军承宣使。处于多事之秋的宋朝边境仍旧战事频繁，宋、夏之争末期，宋、金之役又接踵而至。

12世纪初，辽所臣属的女真部落独立称金。金朝于1125年击溃辽国后挥师南下。宋徽宗赵佶惊慌失措，急忙把帝位传给儿子赵桓，是为宋钦宗。

靖康元年（1126年）春，金军渡过黄河，直逼宋都东京（今河南开封）。当时，北宋政府内部分裂成两派，投降派主张割地求和，主战派要坚守京城。在军民抗战要求的压力下，钦宗被迫任命主战派李纲保卫京城，并召种师道援京，加检校少保，靖难军节度使，京畿河北制置使。

种师道奉诏急速领兵东还，来到洛阳，知金人已兵临城下，有人劝说种师道，金兵势大，不如暂驻汜水。

种师道却说："我的兵虽然不多，但趁敌方不明我虚实，鼓行而进，敌必怯惑。而且都城军民知我领军前来，必然为之振奋，何必忧敌。"

于是，种师道率军，一路扬言"种少保领西兵百万来"，直抵东京，其他各处援军也先后到达，共计20万人。而金军全军只有6万人，不敢妄动，只好北撤，派使者与宋朝议和。

当时，种师道已75岁高龄，被人们尊称为"老种"。

金使者本来态度骄横，旁若无人，但一眼看见种师道威风凛凛地站在那里，不由得双膝一软，向钦宗跪下了。

由于种师道反对议和，被钦宗解除兵权，当金兵再次南侵时又不得不起用他，但终因主战得不到朝廷的重视和信任，不久种师道病卒。

心灵物语

当碰上"骨头硬"的人时，多么蛮横不讲理的人都会卑躬屈膝。即使国家衰败，也决不向金人臣服，这种铿锵的"民族魂"，万古长存。

史海钩沉

靖康之变

靖康之变又称靖康之难、靖康之祸和靖康之耻,是中国历史上的一次著名事件,发生于北宋皇帝宋钦宗靖康年间(1126—1127年)。靖康二年(1127年)四月,金军攻破东京(今河南开封),在城内搜刮数日,掳徽宗、钦宗二帝和后妃、皇子、宗室、贵卿等数千人北撤,东京城中公私积蓄为之一空。自此,北宋灭亡。

文苑荟萃

种师道的四次建议

靖康元年(1126年)十月,76岁的种师道病卒。生前他曾提出四次关键建议。

第一次是姚平仲夜劫金营失败,种师道建议再次出兵劫营,或者每夜发兵几千人袭扰敌人,可以成功,宋钦宗不采纳。

第二次是完颜斡离不退兵,种师道建议乘金军半渡之际,发动奇袭,否则必为他日之患,宋钦宗也不采纳。

第三次是太原失守后,种师道急令调兵京城。

第四次是临终遗奏,建议皇帝退守关中,众臣建议良臣李纲、宗泽代守开封,宋钦宗依然不采纳。

洪皓出使坚贞不屈

> 洪皓（1088—1155年），字光弼，乐平市洪岩镇岩前村人。徽宗政和五年（1115年）进士。洪皓曾任台州宁海主簿，秀州录事参军。高宗建炎三年（1129年），洪皓以徽猷阁待制，假礼部尚书使金被留。绍兴十三年（1143年）始归，迁徽猷阁直学士，提举万寿观兼权直学士院。寻因忤秦桧，出知饶州。卒谥忠宣。有文集50卷等，已佚。清四库馆臣据《永乐大典》辑为《鄱阳集》4卷，另有《松漠纪闻》2卷行世。事见《盘洲文集》卷七四《先君述》《宋史》卷三七三有传。

宋朝时期，北方的强敌本是辽国，后来女真人在辽国的后方发展起来，并同宋朝一起灭了辽国，这对宋朝来说本是好事，但女真人却在灭辽战争中发现了宋朝的虚弱，于是建立金国，立刻将兵锋对准了宋朝，并攻下了宋朝的京城开封，俘虏了宋徽宗和宋钦宗，灭亡了北宋。宋钦宗的儿子赵构逃到杭州，组成了一个新的朝廷，是为南宋。

南宋建炎三年（1129年）五月，宋高宗赵构又准备将都城由杭州迁往建康（今南京），以避金兵锋芒。洪皓不顾职位卑微，上书谏阻。

洪皓的意见虽未被采纳，但却因此为高宗赏识。高宗特意召见他，擢升其为徽猷阁待制，假礼部尚书。

洪皓被派出使金国议和，并请金国放回宋徽宗、宋钦宗，但由于金国军力强盛，并没有议和之意，所以当时的使节出使金国非常危险。金国对宋使者不但待遇很差,有时甚至当俘虏对待,"凡宋使者如(王)伦及宇文虚中、魏行可、顾纵、张邵等,皆留之不遣"。洪皓行至太原,被金人扣留近一年。

第二年,洪皓被转至云中(今山西大同),见到金国权臣完颜宗翰。完颜宗翰不许洪皓请归二帝之要求,逼迫他到金廷操纵的伪齐刘豫政权去当官。洪皓严词拒绝:"万里衔命,不得奉两宫南归。恨力不能磔逆豫,忍事之邪!留亦死,不即豫亦死,不愿偷生鼠狗间,愿就鼎镬无悔。"完颜宗翰大怒,下令推出斩首。两名兵士拿着宝剑,把洪皓抓起来往外推。

洪皓面不改色,从容而行。一位金国贵族见状,深受感动,不觉失声说道:"真忠臣也。"于是就给两个兵士使眼色,制止兵士暂缓行刑,并亲自跪下请求完颜宗翰免除洪皓一死。完颜宗翰虽然免洪皓死,但把他流放到遥远的冷山(今黑龙江五常境内的大青顶子山)。

冷山一带气候寒冷,十分荒凉。那里是女真贵族完颜希尹家族的驻地。洪皓以他渊博的学识和聪明才智,很快得到了完颜希尹的赏识。完颜希尹破例让他教授自己的8个儿子读书。洪皓时刻不忘自己的使命,一有机会就劝金国贵族与宋议和。完颜希尹最初力主攻宋,曾说:"孰谓海大,我力可干。但不能使天地相拍尔。"洪皓听后,警告他说:"兵犹火也,弗戢将自焚。自古无四十年用兵不止者。"建炎四年(1130年)以后,金强宋弱的形势开始逐步向宋强金弱方面转化。

到了绍兴七年至八年间(1137—1138年),宋强金弱的形势开始形成,金人开始有了议和之意。以宗盘、挞懒等人为首的一派,主张在交还南宋河南、陕西地的条件下与宋讲和,并于绍兴八年(1138年)与南宋签订了和解协议。在议和期间,完颜希尹曾就所议10事征求洪皓意见。洪皓条分缕析,完颜希尹认为洪皓说得实在,并没有欺骗他,遂于绍兴十年(1140年)带领洪皓赶赴燕京(今北京),意欲遣洪皓归宋进行议和。但在是否需要把河南、陕西两地归还南宋的条件下与宋议和的问题上,金人内部存在着严重分歧。以完颜宗弼(兀术)为代表的一派坚决反对交还,后来联合完颜希尹,杀了宗盘、挞懒等人,重新发动了攻宋战争。完颜宗弼杀了挞懒等人之后，又杀了完颜希尹。洪皓因与完颜希尹有过不同意见，才幸免于难。

在燕京，洪皓见到了昔日好友宇文虚中，宇文虚中被金人扣留后当了金朝大官。见到洪皓以后，宇文虚中劝他留在金朝当官，并积极向金熙宗推荐。金熙宗表示可以任洪皓为翰林直学士，洪皓坚辞不就。金人不甘心，更换官员时仍让洪皓就职。洪皓请求允许他到临近宋的真定（今河北正定）、大名（今河北大名）等地"自养"，以便寻机逃回宋朝。

金朝参政韩昉看出了洪皓的意图，让洪皓任中京（今内蒙古宁城西大明城）副留守，洪皓坚决不允。金人又任命他为留司判官，并催促他尽快起行，洪皓置之不理，誓死不就。

金人见高官厚禄留不住洪皓，又想出了新的办法。根据金朝法律规定，虽未任金官，但只要被金人任使，则"永不可归"。韩昉为了留下洪皓，遂令其"校云中进士试"，即让洪皓给考试判卷。这虽不是什么官，但也是一份官差。洪皓深知韩昉的用意，装病力辞。但韩昉不允，洪皓只得前往云中。到了云中以后，他不履行职责，对院官说："今取士以诗赋，吾故学经耳。"云中院官和考官没有办法，只好将洪皓送回燕京。在燕京期间，他一直关心宋朝的发展和强大。

当听说完颜宗弼在顺昌（今安徽阜阳）被刘锜打败而宋朝却撤兵的消息以后，写了数万言的密信回宋，谓："顺昌之役，金人震惧夺魄。燕山珍宝尽徙以北，意欲捐燕以南弃之。王师亟还，自失机会。今再举尚可。"此后又多次送密信。

绍兴十三年（1143年），金熙宗喜得贵子，大赦天下，允许宋朝使者回归，洪皓与张邵、朱弁等都在被赦之列。洪皓才得以回到阔别14年的祖国。

心灵物语

综观洪皓生平，虽不曾领兵于阵前斩杀敌众，也不曾开疆拓土。然而，一位奉命出使的使臣身上所具有的这种爱国情操和坚贞不屈的民族气节，并不逊于任何一个民族英雄。在新的生存和发展环境下，发掘和传承洪皓的道德价值和人格魅力对弘扬中华民族的传统美德，对于清醒民族良知、振奋民族精神有着必要的现实意义。

■史海钩沉

女真族伐辽建金

女真族是我国东北地区的古老民族，他们生活在松花江和黑龙江流域的广大地区。在女真族30多个部落中，完颜部最为强大，完颜部也逐步统一了女真各部。1114年9月，阿骨打命女真各部人马誓师来流水（今拉林河），开始了为期10年的伐辽征战。

女真族的金朝讨伐契丹族辽朝的原因可以归总为反抗辽对其经济与精神上的双重压迫。作为辽的藩属，女真族每年都要向其进贡大量的金银珠宝不说，还要向辽的银牌天使上缴大量的捕猎猛禽——海东青；在贸易上，双方的交易也极不平等。

1115年正月初一，阿骨打称帝，建国号大金，定都会宁。金国于1125年灭辽，灭辽后，金国第二代皇帝金太宗吴乞买即位，并于1127年灭北宋。

■文苑荟萃

临江仙（怀归）

洪　皓

冷落天涯今一纪，谁怜万里无家。
三闾憔悴赋怀沙。思亲增怅望，吊影觉欹斜。
兀坐书堂真可怪，销忧孵酒难赊。
因人成事耻矜夸。何时还使节，踏雪看梅花。

次观表文韵

洪 皓

求成虐执四三年,
一木难支大厦颠。
致死存孤思杵臼,
恃强轻敌笑苻坚。
国家未免中衰者,
日月何妨薄食焉。
今日一成终祀夏,
艰难启圣赖皇天。

文天祥后世留英名

> 文天祥(1236—1283年),吉州庐陵(今江西吉安县)人,初名云孙,字天祥。文云孙选中贡士后,换以天祥为名,改字履善。宝祐四年(1256年),文天祥中状元后再改字宋瑞,后因住过文山,遂号文山,又有号浮休道人。文天祥是南宋民族英雄,以忠烈名传后世。受俘期间,元世祖以高官厚禄劝降,文天祥宁死不屈,从容就义,生平事迹被后世称颂。文天祥与陆秀夫、张世杰并称为"宋末三杰"。

13世纪,蒙古族在中国北方兴起,在灭了金朝后,又把兵锋指向南宋。宋恭帝德祐元年(1275年)正月,因元军大举进攻,宋军的长江防线全线崩溃,局面不可收拾,朝廷无奈之下诏让各地组织兵马勤王。

文天祥此时正在外地做官,得到勤王的消息后,立即捐献家产充当军费,招募当地豪杰,组建了一支万余人的义军,开赴临安。宋朝廷委任文天祥为平江府知县,命令他发兵援救常州,旋即又命令他驰援独松关。由于元军攻势猛烈,江西义军虽英勇作战,但最终也未能挡住元军兵锋。

次年正月,元军兵临临安,文武官员纷纷出逃,各奔前程。垂帘听政的谢太后任命文天祥为右丞相兼枢密使,派他出城与元军最高统帅伯颜谈判,企图与元军讲和。文天祥奉命到了元军大营,却被伯颜扣留。谢太后见大势已去,只好献城纳土,和皇帝赵㬎向元军投降。

元军占领了临安,但两淮、江南、闽广等地还未被元军完全控制和占领。于是,伯颜企图诱降文天祥,利用他的声望来尽快结束战局。文天祥宁死不屈，坚决不上伯颜的当，伯颜只好将他押解到北方。行至镇江，文天祥趁守军疏忽，冒险出逃，经过许多艰难险阻，于景炎元年（1276年）5月26日辗转到达福州，被宋端宗赵昰任命为右丞相。

文天祥对朝中大将张世杰专制朝政极为不满，又与宰相陈宜中意见不合，于是离开南宋行朝，以同都督的身份在南剑州（今福建南平）开府，指挥抗元。不久，文天祥又先后转移到汀州、漳州、龙岩、梅州等地，联络各地的抗元义军，坚持斗争。景炎二年（1277年）夏，文天祥率军由梅州出兵，进攻江西，在雩都（今江西于都）获得大捷后，又以重兵进攻赣州，以偏师进攻吉州（治今江西吉安），陆续收复了许多州县。但这些胜利已不能改变大局，元江西宣慰使李恒在兴国县发动反攻，文天祥兵败，只得收容残部，退往循州（今广东龙川西）。祥兴元年（1278年）夏，文天祥得知南宋行朝移驻厓山，为了摆脱艰难处境，便要求率军前往，与南宋行朝会合。由于张世杰坚决反对，文天祥无奈之下，只好率军退往潮阳县。同年冬，元军大举来攻，文天祥在率部向海丰撤退的途中遭到元将张弘范的攻击，兵败被俘。

文天祥服毒自杀未遂，被张弘范押往厓山。当时，张世杰抱着小皇帝赵昺驻守厓山，已是穷途末路，张弘范强迫文天祥写信招降张世杰。文天祥说："我不能保护父母，难道还能教别人背叛父母吗？"于是，他将自己前些日子所写的《过零丁洋》一诗抄录给张弘范。张弘范读到"人生自古谁无死，留取丹心照汗青"两句时，不禁也受到触动，因为他也是投降元军的宋将，就不再强逼文天祥了。

张世杰、陆秀夫兵败，陆秀夫背负赵昺投海而死，南宋在厓山灭亡，张弘范向元世祖忽必烈请示如何处理文天祥，元世祖说："谁家无忠臣？"随后命令张弘范对文天祥以礼相待，将文天祥送到大都（今北京），软禁在会同馆，决心劝降文天祥。

元世祖首先派投降元的原南宋左丞相留梦炎对文天祥现身说法进行劝降。文天祥一见留梦炎便怒不可遏，留梦炎只好悻悻而去。元世祖又让投降元的宋恭帝赵㬎来劝降。文天祥面向北跪在地上，痛哭流涕，对赵㬎说："圣驾请回！"赵㬎无话可说，怏怏而去。元世祖大怒，于是下令将文天祥的双手捆绑，戴上木枷关进兵马司的牢房。文天祥在狱中受尽了虐待，

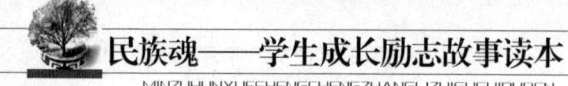

入狱十几天,狱卒才给他松了手缚;又过了半月,才给他卸下木枷。

元朝统治者对文天祥很重视,因为他在坚持抵抗的宋军民中威望很高,所以丞相孛罗亲自开堂审问文天祥。文天祥被押到枢密院大堂,立而不跪,只是对孛罗行了一个拱手礼。孛罗喝令左右强制文天祥下跪。文天祥竭力挣扎,坐在地上,始终不肯屈服。孛罗问文天祥:"你现在还有什么话可说?"文天祥回答:"天下事有兴有衰。国亡受戮,历代皆有。我为宋尽忠,只愿早死!"孛罗大发雷霆,说:"你要死?我偏不让你死。我要关押你!"文天祥毫不畏惧,说:"我愿为正义而死,关押怎么能吓倒我!"

从此,文天祥开始了牢狱生活。在狱中,他曾收到女儿柳娘的来信,得知两个女儿都在宫中为奴,过着囚徒般的生活。而他的妻子和唯一的儿子已死于兵乱之中。文天祥深知女儿的来信是元朝廷的暗示:只要投降,家人即可团聚。然而,尽管文天祥心肺俱裂,却不愿因亲情而丧失气节。他在写给自己妹妹的信中说:"收柳女信,痛割肠胃。人谁无妻儿骨肉之情?但今日事到这里,于义当死,乃是命也。奈何?奈何……可令柳女、环女做好人,爹爹管不得。泪下哽咽,哽咽。"

狱中的生活很苦,可是文天祥强忍痛苦,写出了不少诗篇。《指南后录》第三卷、《正气歌》等气壮山河的不朽名作都是在狱中写出的。

元世祖至元十九年(1282年)三月,权臣阿合马被刺,他的罪行被揭发出来,元世祖下令籍没阿合马的家产、追查阿合马的罪恶,并任命和礼霍孙为右丞相。和礼霍孙提出以儒家思想治国,颇得元世祖赞同。八月,元世祖问议事大臣:"南方、北方宰相,谁最贤能?"群臣一致回答:"北人无如耶律楚材,南人无如文天祥。"

于是,元世祖下了一道命令,打算授予文天祥高官显位,因为元朝收用的降人很多,已习以为常了。文天祥的一些投降元朝的旧友立即向文天祥通报了此事,并劝说文天祥投降,但遭到文天祥的拒绝。

十二月八日,元世祖召见文天祥,亲自劝降。文天祥对元世祖仍然是长揖不跪。元世祖也没有强迫他下跪,只是说:"你在这里的日子久了,如能改心易虑,用效忠宋朝的忠心对朕,那朕可以在中书省给你一个位置。"文天祥回答:"我是大宋的宰相。国家灭亡了,我只求速死,不当久生。"元世祖又问："那你愿意怎么样？"文天祥回答："但愿一死足矣！"元世祖十分气恼，于是下令立即处死文天祥。

次日，文天祥被押解到柴市刑场。监斩官问："丞相还有什么话要说？回奏还能免死。"文天祥喝道："死就死，还有什么可说的？"他问监斩官："哪边是南方？"有人给他指了方向，文天祥向南方跪拜，说："我的事情完结了，心中无愧了！"于是引颈就刑，从容就义。

文天祥就义时年仅47岁。他死后，人们在他的衣袋中发现一首诗："孔曰成仁，孟曰取义，唯其义尽，所以仁至。读圣贤书，所学何事？而今而后，庶几无愧。"

后人评价他："名相烈士，合为一传，三千年间，人不两见""事业虽无所成，大节亦已无愧"，肯定他主要不是名相，而是以名相能为烈士。

■心灵物语

"人生自古谁无死，留取丹心照汗青"。这是文天祥这位杰出的爱国诗人和民族英雄留下的名言，成为砥砺民族气节的座右铭。文天祥坚贞不屈的民族气节被后世历代传颂，他写下的"臣心一片磁针石，不指南方誓不休"的豪壮爱国诗歌也成为千古名句。

■史海钩沉

崖山海战之元寇穷追

赵昰做皇帝以后，元朝加紧灭宋步伐。宋端宗景炎二年（1277年），福州沦陷，宋端宗的南宋流亡小朝廷直奔泉州。张世杰要求借船，却遭到泉州市舶司、阿拉伯裔商人蒲寿庚的拒绝。

于是张蒲不和，导致蒲寿庚投降元朝。张世杰抢夺船只出海，南宋流亡小朝廷只好去广东。宋端宗准备逃到雷州，不料遇到台风，帝舟倾覆，端宗差点儿溺死并因此得病。左丞相陈宜中建议带宋端宗到占城（今越南南部），并自己前往占城，但后来二王数次召其回来都不返；最后逃到暹罗（今泰国），客死在那里。

端宗死后,由7岁的弟弟卫王赵昺在碙州(今香港大屿山)登基,改年号为祥兴。赵昺登基以后,左丞相陆秀夫和太傅(皇帝的老师)张世杰护卫着赵昺逃到厓山,在当地成立据点,准备继续抗元。

不久,在现时广东和江西二省抗元的文天祥得不到流亡朝廷的支持,在海丰县的五坡岭被张弘范部将王惟义生擒。至此,在陆地的抗元势力覆灭。

文苑荟萃

酹江月·驿中言别友人

文天祥

水天空阔,
恨东风、不借世间英物。
蜀鸟吴花残照里,
忍见荒城颓壁。
铜雀春情,
金人秋泪,
此恨凭谁雪?
堂堂剑气,
斗牛空认奇杰。

那信江海余生,
南行万里,
属扁舟齐发。
正为鸥盟留醉眼,
细看涛生云灭。
睨柱吞嬴,
回旗走懿,
千古冲冠发。
伴人无寐,
秦淮应是孤月。

李庭芝焚诏拒降

兀良哈·阿术（1227—1281年），兀良部人，速不台之孙，兀良合台之子。元初大将。蒙哥时，从其父兀良合台征西南夷，平大理，克诸部，降交趾。中统三年（1262年）从拜出、帖哥征伐李璮有功，以宿卫将军升为征南都元帅。之后，略地两淮，围襄阳，破樊城。至元十一年（1274年）与伯颜、阿里海牙等同伐宋，任行省平章政事。沿汉水入长江，至池州丁家洲（今属安徽）大败宋军。又分兵围攻扬州，在焦山（今江苏镇江市北）用火攻击败宋将张世杰、孙虎臣的战舰七百余艘。1270年攻破泰州（今江苏泰州），杀宋将李庭芝、姜才等。1280年奉命北伐叛王昔剌木等。次年，又西征，行至哈剌霍州（今新疆吐鲁番高昌故城）病逝。后追封为河南王。

南宋末年，长期与南宋对峙的金国势力已逐渐衰落，而北方的蒙古族完成了统一，开始强大起来，先后灭掉金和西夏，接着向南宋进攻。南宋统治阶级腐朽没落，对付金国尚后落下风，面对蒙古骑兵，一败再败，即使防守，也是力不从心，上层人物不是畏敌如虎，就是力求避战，再就是望风而逃，或者遇敌即降，只有少数爱国官员挺身而出，率众抗敌，李庭芝就是当时坚持抗元斗争的杰出代表之一。

李庭芝自幼身体强壮，又聪明过人，好学不倦，立志报效祖国。理宗嘉熙末年（1240年）蒙古族向南宋大举进犯，长江沿岸防线吃紧。李庭芝急国家之所急，主动去找负责湖北防务的主帅南宋名将孟珙献江防之计，并请求给他为国效劳的机会。孟珙对李庭芝甚为称赞，就让他暂时代理湖北建始县令。

李庭芝一到任，一面大力加强农业生产，一面教导农民操练武艺，亦兵亦农，仅用一年时间，建始县的青壮年农民大部分成为既能生产又会打仗的战士。淳祐初年（1241年），李庭芝考中进士，仍被派往孟珙幕府中，担任主管机要文字的秘书工作。淳祐六年（1246年），孟珙在任上病逝。孟珙死前向皇帝推举贾似道镇守两湖，同时把李庭芝推荐给贾似道。贾似道任他为京湖制置司的参议。李庭芝向贾似道提出许多加强防务的建议都非常切中要害，但贾似道是个腐化堕落的权贵，仗着与皇帝有亲属关系，为非作歹、欺上瞒下，李庭芝的建议大多不被采纳。

1258年，蒙古蒙哥汗发三路大军向南宋大举进攻。朝廷任命李庭芝镇守扬州。扬州这个自古繁华之地经过几年的战乱，房屋倒塌，盐户逃亡，经济衰退，市面萧条。李庭芝采取了一系列的恢复措施：宽免百姓积年拖欠的租税；官府借钱给百姓修建房屋；招集民工疏通运河，便利运盐经商。不久，百姓们把房屋盖起来了，外逃的盐户迁回来了。李庭芝还在扬州兴办教育，大修学舍，招收青年少年诵读诗书。扬州地区遭受水旱灾害，他立即命令地方官开仓放粮，赈济百姓，甚至还把自己的积蓄拿出来救济灾民。李庭芝在任上兢兢业业，为民兴利除害，深受扬州人民爱戴。

1267年，投降蒙古的南宋潼川安抚使刘整向忽必烈献计：进攻南宋，必须先取襄阳，由汉水渡长江，宋朝可灭。第二年，忽必烈以刘整为都元帅，随同阿术进犯襄阳。他们造战船5000艘，练水兵7万，在襄阳城外筑了10个小城，在汉水上布满战船，企图用水陆封锁的办法困死城中军民。

1270年，朝廷任命李庭芝为京湖制置大使，领兵出援襄樊。那时候权臣贾似道当政，他怕李庭芝打了胜仗，立下大功，会威胁自己的权势，就派他的心腹范文虎为福州观察使，从中牵制李庭芝。范文虎成天在营中陪着爱妾嬉戏取乐，并没有打算行动。李庭芝屡次约他进兵，他都敷衍推脱。

1271年夏，蒙古又调遣四川等地军队，水陆并进，加紧包围襄樊。这时，两城已被围五年，城里特别缺少盐、柴、布匹等物。

1272年，李庭芝屯驻在郢州，得知襄阳西北有条清泥河可达襄阳，就选船百艘，召募民兵3000人，沿清泥河到襄阳运送物资，支援抗敌。这3000名民兵明知此去九死一生，但人人振奋，毫不动摇。元军为封锁襄樊，用铁链、木筏堵塞江口，简直无隙可通。民兵领袖张顺、张贵率轻舟顺流而下，冲进元军的封锁线，斩断元军设置的各种障碍物。元军见他们如天兵突如其来，夜里不敢交锋，都守寨不出。民兵在水上转战120里，黎明时抵达襄阳城下。城中守军见援军送来急需的物资，欢欣鼓舞，士气大振。但此战民兵首领张顺却英勇牺牲，而范文虎却未积极配合。

　　元军打不下襄阳，就转攻对岸的樊城。元军用大炮攻破樊城，守将牛富带着一百多人展开巷战，后来负重伤投火殉国。樊城失陷，驻守襄阳的吕文焕叛变降元，李庭芝因此而被免了官。

　　后来，扬州守将印应雷因病死去，李庭芝又被任命为淮东制置使，来到扬州。1274年，元将伯颜、阿术率军沿长江顺流东进，南宋沿江守将望风披靡，纷纷不战而降。只有李庭芝忠心耿耿地率领着部下，坚守在长江北岸的扬州防地。

　　扬州是南宋的军事重镇，元军将扬州重重包围，久攻不下，就想用高官厚禄引诱李庭芝投降。而在元军中有很多南宋降将为元军充当马前卒。元军派降将李虎拿着招降榜文来见李庭芝。李庭芝当场处死李虎，把招降榜文烧掉。他派部将张俊出城作战，张俊却拿了降将孟子缙的信回来，劝李庭芝投降。李庭芝当即把信烧毁，同时把张俊和四个来人一起处死。

　　扬州军民见李庭芝正气凛然，坚决抗元，士气高涨，斗志昂扬，同仇敌忾，决心守城。李庭芝守城有功，被朝廷加官为参政知事。

　　1276年，伯颜领兵攻入临安，将谢太后和皇帝赵㬎等俘虏北去，李庭芝依然团结爱国军民坚守扬州。

　　元军久攻不克，便叫谢太后下诏招降李庭芝。谢太后派使臣来到扬州城下，李庭芝登上城楼，激愤地说："自古以来，臣子只有奉命守城，没听说过奉诏投降的，天下哪有这样的道理！"

　　使臣讨个没趣，只好灰溜溜地回去了。时过不久，谢太后被元军押解北去，路过瓜洲，又下诏要李庭芝投降。诏书上说："我和皇帝已经臣服了元朝，你还为谁守城呢？"

李庭芝看了怒不可遏，用箭射死来使，烧了诏书，作为对谢太后劝降的回答。元将阿术见谢太后的诏书对李庭芝无效，便又派了一个使者手持元朝皇帝忽必烈的诏书来劝降。李庭芝还是一如既往，杀死使者，焚毁诏书。

阿术的诱降接二连三地失败，他恼羞成怒，下令元军加紧攻城。扬州周围的州县守将因为粮尽弹绝，纷纷投降元军。

此时，扬州城内的军粮也已经吃光了，士兵们以牛皮、酒糟当食物，仍然坚持和敌人战斗，任凭元军的炮火箭矢怎样猛烈，扬州城军民依然拼死抵抗，扬州城岿然不动。元军久攻不下，只好再次诱降。

1276年秋，阿术又派人拿来忽必烈的诏书，在扬州城下说："只要李庭芝答应投降，元朝皇帝不仅不追究他杀使焚诏的既往，而且还要重用他。"李庭芝对劝降的伎俩早已领教多次，根本不予理睬。

就在这年五月，陆秀夫、张世杰等人在福州拥立广王赵昰做小皇帝，这就是宋端宗。端宗竖起宋朝的旗帜，冀图恢复，继续抗元。他下诏李庭芝南下会合，共商复兴宋朝的大计。李庭芝觉得有了一个新政权，这便于号召四方，汇集抗元力量，心里很高兴。临行前，他命制置副使朱焕留守扬州，自己和部将姜才带领7000人马，计划经泰州入海，乘船去福州。

李庭芝刚到泰州，贪生怕死的朱焕就投降了元军，拱手把坚守两年多的扬州城送给敌人。接着，阿术率领的元军也随即赶到泰州，把泰州城包围得水泄不通。

元军将李庭芝等人的家眷押解到泰州城下，扬言李庭芝不投降，就将他们全部处决。李庭芝还是坚决拒绝投降。阿术下令攻城，泰州守将孙贵、胡惟孝早被敌人的汹汹来势吓破了胆，夜里打开城门，把元军迎了进去。李庭芝听说元军入城，立即跳入莲池自杀，但因池中水浅，被元军捉去了。元军又把他押解到扬州，再次劝降。李庭芝宁死不屈，最后英勇牺牲。

扬州城的百姓听到李庭芝以身殉国的消息，无不痛哭流涕。这年，李庭芝57岁。

■ 心灵物语

"数点梅花亡国泪,二分明月故臣心"。李庭芝以自己对民族、社稷、信仰、主义的崇高气节、坚贞操守,为立国320年的宋朝抹上了最后的绚丽光彩。志士仁人的精神不死,薪火相传。

■ 史海钩沉

李庭芝的先见之明

李庭芝18岁时,王曼任随州长官。他贪婪残暴,跋扈专制,弄得当地民不聊生,百姓痛恨至极,他的部下对他也十分不满,都在暗中策划造反。李庭芝敏感地看出随州必将会有场大乱,于是便向叔父们建议到德州避难,叔父们虽然不相信他的话,但是考虑到家族的安危,便勉强同意了。谁知果然不出李庭芝所料,他们刚离开还不到十日,王曼的部下便发动了叛乱,随州百姓惨遭噩运,死伤无数。

■ 文苑荟萃

边事日急,无敢言者

咸淳三年(1267年)十一月,在宋廷叛臣刘整的建议下,忽必烈决定进攻襄阳和樊城,且命令征南都元帅阿术与刘整共同负责指挥。鉴于襄、樊二城城高池深,而宋军又善于坚守城池,蒙军造战舰,练水军,建立起了一支拥有战船5千艘、士兵7万人的精锐水师,同时还在襄阳、樊城外围先后建成40多座城堡,相继将这两座城池严密封锁。眼看大势不妙,任襄阳府兼京西安抚副使的吕文焕急忙派人将情况报告给其兄长京湖安抚制置使吕文德。但吕文德麻痹轻敌,认为"襄樊城池坚深,兵储支十年",根本不把蒙军的攻击放在心上。当时,实际掌握大权的贾似道对襄樊的战略地位也认识不足,当吕文焕向他告急时,贾似道并无援救之意,依旧终日淫乐,并且还对度宗封锁消息。 天,当度宗身边的一名宫女告诉他说,襄阳被围困了三年,形势十分险恶时,他顿时大惊失色,忙向贾似道询问,贾似道居然撒谎说:"北兵已退去。"事后又将泄密的宫女处死,"由是,边事虽日急,无敢言者"。

黄道周慷慨就义

> 黄道周（1585—1646年），字幼玄（或幼平），又字螭若、螭平，号石斋，明代福建漳浦铜山（现东山县）人。明末著名的学者、书画家、民族英雄。天启二年（1622年）考取进士，官至礼部尚书，明亡后抗清，被俘殉国，谥忠烈。

黄道周于明天启二年考中进士。崇祯时期，因上疏得罪权臣被斥为民。在南明福王政权中，官至礼部尚书；唐王政权拜为武英殿大学士，在衢州抵抗清兵时，因战败被俘。黄道周被俘时，他的随从者都要与他同死。黄道周一再辞却他们说："我是明朝大臣，成仁取义是我的本分，你们大家不必要这样。"人们还是不肯离去，黄道周说："你们都是明朝的臣民，也可以舍生取义。不过你们没有拿过朝廷俸禄，也可以不死。现在我就和你们告别了，不要跟着我一起殉难，你们都有自己的父母妻子，你们要想想他们。"

如此一来，多数随从与他挥泪告别，但有七个人誓死不离。当时，清朝有这样的政策，对于坚决不肯顺服清朝的明朝遗臣，必须请示朝廷后才能行刑，不许任意处置。这样，黄道周和他的随从者都要在狱中等待。

黄道周一进狱中就开始绝食，清军主帅怕他未刑先死，就千方百计劝他进食，但是他看也不看。清军又找来在南京做买卖的漳州同乡来以乡情劝慰他，还是不行。于是，同乡们陪他一起上街。先进饭馆，强劝他吃饭，他不吃；又进酒馆，大家斟满酒来敬他，黄道周说："酒是用来庆祝相聚的，现在咱们老乡亲们在一起喝点好不好？但是，就限三杯。"大家同声应诺。喝完三杯后，就又换一酒馆，再饮三杯。就这样才使黄道周几天没有饿死。

临到就义那天的早晨，两名降清的官员按礼仪进来拜见，说："为您贺喜。"黄道周明白他们的意思，笑着说："确实是可喜的事，但你们怎能理解？"于是，他把这两个官员祖上所受朝廷的恩德说了一遍，痛斥他们对朝廷的背叛。两人听后，只好灰溜溜地出去了。一会儿，黄道周和七个随从乘车赴刑场。途中，黄道周回头看了一眼后面车上的七个人，他们都吓得面无人色了。

黄道周笑着对他们说："害怕了吧？再忍一会儿就可以成就千秋之业了。"七个人振奋了精神，说："对！"

车到西华门，黄道周忽然从车上掉下来，一名清军指挥连忙过来把他扶起来，安慰他说："不要害怕。"

黄道周一听，瞪大眼睛怒斥他说："你说的什么话？黄道周是怕死的人吗？你不知这是皇帝辇车走的路，我怎能坐在车上过这里？我就是连日绝食脚下无力，下车才摔在那儿，我什么时候害怕了！"

指挥立刻下跪赔礼，又说："这里有成千上万人瞻仰您的风貌，您也很疲惫了，就在这里成就大事好吗？"

黄道周说："好吧！"于是，他就地设席，向南行礼。

一个老仆人上来要求给家人留下绝命书，他犹豫了一会儿，就撕裂衣襟，咬破手指写道："纲常万古，节义千秋。天地知我，家人无忧。"那七个人也写了一幅血书："师存与存，师亡与亡。"

黄道周挺起瘦弱的身躯，昂首就刑，大义凛然。刽子手的手颤抖起来，一刀下去没有砍死。刽子手大惊，连忙跪下请黄道周坐下就刑。这时，黄道周颈部已经被砍伤，鲜血淋漓，他点点头说："行。"于是，黄道周坐在地上，从容就义了。

□心灵物语

黄道周是个抗清的热血斗士，在国灭族难之时毅然以老朽之躯与清军抗争，虽大势已去兵败被杀，但他的忠义气节一直在我们心中树起了高高的标尺，崇敬之情也油然而生。

■ 史海钩沉

黄道周的书法

　　黄道周被视为明代最有创造性的书法家之一。他的书法擅长楷书、行书和草书。他的行书和草书，行笔转折刚劲有力，体势方整，书风雄健奔放。他的楷书主要学习钟繇，比起钟繇的古拙厚重，更显得清秀、飘逸。黄道周善楷、行、草诸体书，又工隶书。他的楷书，如《孝经卷》《张溥墓志铭》，字体方整近扁，笔法健劲，风格古拙质朴，与钟繇楷法十分类似。不同之处是，钟书于古拙中显得浑厚，黄书则见清健，可以看到他受王羲之楷法的影响。黄道周的行草书，如《五言古诗轴》，大略类其本人楷书的体势，行笔转折方健，结字欹侧多姿，朴拙的风格同样接近钟繇。黄道周的隶书正具有"清截遒媚"的特点，不如楷书那样古拙清刚。从黄道周书论中，反映出他对魏晋书法是比较倾心的，尤其对钟繇、索靖等具有古朴书风的书法更为欣赏，而对他同时代的书法，如董其昌的书法，则并非如此。

■ 文苑荟萃

辞黄山有序

黄道周

　　就俘以来，义在必死，生平所历，黄山、白岳、匡庐、九华、浮丘、龙首、穹窿、玄墓、洞庭、三茅、天目、径山、西陵、宛委、天台、雁宕、罗浮、怀玉一十八翁，要当一一谢之。生死千秋，未必再晤；风雷楮墨、载其精神，亦使山灵闻之，谓吾不薄也。

　　　　亦是吾家峰，神物不可谱。
　　　　顶髻在心眸，一一屈指数。

黄钊宁死不降倭寇

> 明世宗朱厚熜（1507—1566年）是明朝第十一位皇帝，1521至1566年在位，年号嘉靖，明宪宗庶孙，兴献王朱祐杬嫡一子，母蒋氏。谥号"钦天履命英毅圣神宣文广武洪仁大孝肃皇帝"。

黄钊是福建安溪人，嘉靖三十四年时任温州同知。

这一年，倭寇进犯温州，黄钊带兵击退了他们。黄钊知道倭寇不会甘心失败，必然还会再来侵犯，因而日夜保持警惕。

三年后，倭寇果然再次侵犯，黄钊率军出城迎战。他把军队分为三路，他自领中路，让左、右两路进行接应。当时倭寇也分三路，左、右两路掩攻，而以主力对付黄钊所领的中路。

黄钊发劲弓、巨炮抵御倭寇主力，眼看倭寇就要坚持不住了，只要左、右两军迅速过来接应，定可全歼敌军。不料左、右两路率兵将领都是纨绔子弟，没有真本事，望见倭寇进兵就先望风而逃了，这使倭寇可以集中力量对付黄钊。由于腹背受敌，黄钊力战不支，终于被俘。

倭寇胁迫这个地方官投降，黄钊坚决不从，又让黄钊命州府拿银子来赎他，黄钊笑骂他们说："你们不知道黄大夫不爱钱吗？"

倭寇大怒，将黄钊脱光衣服，寸斩而死。他的儿子得不到完整的尸体，就把父亲的衣冠聚在一起埋葬了。

■ 心灵物语

宁死不降，是一种超脱的境界，也是一种价值取向，更是一种忠贞的民族气节！黄钺有着他所坚持的信仰，所以成就了他光荣而辉煌的一生。

■ 史海钩沉

"大礼议"政治事件

明嘉靖三年（1524年），明世宗朱厚熜提出要追尊其父为"本生皇考恭穆献皇帝"，遭到吏部右侍郎何春孟等200余人的反对，发生了历时三年半之久，史称"大礼议"的政治事件。事件中有200多位文武官员受到不同惩罚，其中杖死17人。终于追尊其父为后帝，改献陵为显陵，按皇帝陵寝的规模扩建，耗费白银48万余两。

■ 文苑荟萃

倭 寇

倭寇一般指14世纪至16世纪期间，以日本为基地，活跃于朝鲜半岛及中国大陆沿岸的海上入侵者。曾经被归于海盗之类，但实际上其抢掠对象并不是船只，而是陆上城市。倭寇最强盛之时，他们的活动范围曾远至东亚各地，甚至是内陆地区。倭寇的组成并非仅限于日本海盗，只是由于这批海盗最初都来自日本（当时称为倭国），所以被统称为"倭寇"。

第一篇／誓死不屈民族魂　　　　　　　

 于学忠威武不屈

>　　于学忠（1890—1964年），字孝侯，祖籍山东蓬莱，生于旅顺，少时就读于黄县崇实中学。于学忠是东北军著名抗日爱国将领，陆军二级上将，抗战中参加淞沪会战、台儿庄会战、武汉保卫战等，立下赫赫功勋。"九一八事变"后，于学忠主张抗日，参与西安事变的和平解决，采取与共产党合作的立场。抗日战争时期，他曾参加津浦路南段战役、台儿庄战役和武汉会战，并多次与八路军合作抗日。建国后，曾任第一届全国政协委员、国防委员会委员、河北省人民委员会委员、河北省体委主任等职。

　　于学忠出生于旅顺口教场沟的军营内。受军人出身的父亲影响，1908年于学忠考入通州陆军速成随营学堂，1911年以全校第一名的成绩毕业，成为一名职业军人。于学忠先是在吴佩孚手下任职，因为治兵有方，职位迅速提升。1927年吴佩孚被打垮后，于学忠隐居蓬莱乡下。因父亲与张作霖同是宋庆部下，于学忠回乡后，张作霖曾派人前来劝其出山，于学忠投奔张作霖，被任命为奉系第二十军军长，归张学良指挥。

　　"九一八事变"后，南京国民政府任命于学忠为河北省政府主席。当时，天津的局势已经十分紧张，前任主席王树常为避免与日军正面冲突，采取戒严的办法消极防御，使得小商贩及三轮车夫行动受阻，影响当地百姓的生活。于学忠上任后，马上撤销戒严令。日本人欺软怕硬，但并不死心，租界内的日军经常向中国驻军挑衅。

　　一次，于学忠听说日军全副武装，以大炮、坦克开路，擅自在市区

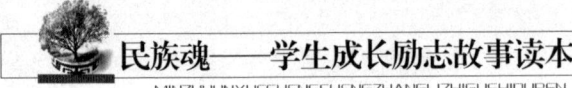

搞阅兵仪式,队伍直逼省政府大门,他义愤填膺,立即命令东北军士兵十余人,身上捆绑手榴弹、炸药包,横躺在省政府门外的马路上,阻止日军阅兵队伍行进。色厉内荏的日军见状,只好灰溜溜地撤了回去。于学忠与日军针锋相对,寸步不让:日军戒严,他亦戒严;日军阅兵,他亦阅兵。

日本侵略者为窥察华北的军事戒备情况和于学忠的态度,由其国内经济界、新闻界、军界人士组成所谓的"观光团"经常找借口来天津"访问"。日本军官土肥原贤二等人也频繁"拜访"于学忠。当时天津的亲日分子在日本人的授意下也频频找于学忠晤谈。从这些人的口中,于学忠觉察到日本侵略者对自己威胁不成而改拉拢之意,遂严词拒绝,他让这些人转告日本人:"我于某兵来将挡,水来土掩,让我出卖祖宗,那是痴心妄想!"

威胁不成,拉拢不成,日本人又密谋进行了三次暗杀,均被于学忠识破。

1935年7月6日,丧权辱国的《何梅协定》签订,其中最重要的一条就是免去于学忠河北省政府主席职务。于学忠被蒋介石政府免去河北省政府主席职务后率部西调陕甘,任甘肃省政府主席。蒋介石想利用东北军攻打红军,他坐收渔利,而对日寇则能退让就退让,可妥协便不斗争。

于学忠率东北军第五十一军由天水开赴兰州,途经渭源、临洮等县时,屡见红军在各村镇的墙上张贴的"中国人不打中国人""停止内战,一致对外""团结抗日""收复东北,解放三千万同胞"等标语口号深受感动。尽管不断受到国民政府亲日派排挤和日本人仇视,但于学忠愈挫愈勇。在兰州,他指挥的五十一军拒不执行蒋介石的"剿共"命令,与红军各守原防,比邻而居互不侵犯,从未和红军打过仗。于学忠还收到了毛泽东托彭雪枫转交的一封信。在信中,毛泽东对于学忠给予高度评价,并诚恳地提出联合起来一致抗日的主张,于学忠深表认同,他认为,"兄弟阋于墙,外御其侮",如今"国难当头,必须枪口一致对外"。

于学忠不仅自己坚决抗日,还积极促成抗日统一战线。

1936年4月9日,张学良与周恩来在延安会谈,达成停止内战,一致抗日的协议后，又屡次谏蒋抗日。但蒋介石铁了心要剿共，根本听不进劝告。同年11月下旬，张学良、杨虎城召集于学忠、王以哲等东北军高级将领，在甘肃平凉召开了一次密谋兵谏的会议。12月12日拂晓，张学良到华清池挟持了蒋介石，杨虎城的十七路军在西安城内扣留了国民党的中央大员，震惊中外的"西安事变"发生了！于学忠随即在《对时局的通电》上郑重表明"停止内战，一致抗日"的坚定立场。

"西安事变"后局势复杂，于学忠顾全大局，风尘仆仆地奔走于西安和兰州之间，努力在各派政治势力之间做消除误会的工作。他曾先后到杭州、奉化、南京和上海，四次面见蒋介石，为和平解决西安事变积极奔波。12月24日晚，周恩来在张学良、杨虎城、宋子文与宋美龄的陪同下，会见了蒋介石。蒋介石被迫同意停止剿共、联共抗日。张学良遂决定释放蒋介石并要亲自送他回南京。当晚，张学良召集于学忠等东北军高级将领开会，宣布说："我要亲自陪送委员长回南京，以便恢复委员长的威信。我走后，关于东北军的事，听命于孝侯（于学忠字孝侯），有事时多和周恩来先生商量。"

蒋介石背信弃义，他回到南京后，随即关押了张学良，同时将杨虎城撤职。于学忠因"于第五十一军任内附和叛变"，也被撤职。这突如其来的骤变，使西北形势迅速逆转。东北军、西北军和红军三方面领导共同研究后一致认为，东北军、西北军和红军必须团结一致，不能受蒋介石的威逼和挑拨离间。1937年2月4日，西北军、东北军众将领由杨虎城、于学忠领衔，发表了著名的《和平宣言》，向全国人民申述"西安事变"经过，说明事变的目的在于"内求和平，外求抗战"，表明他们"但求抗敌救国之策得以早日实现，对内固不惜最大之隐忍，对外更不惜一切之牺牲……"

在艰苦卓绝的抗日战争中，于学忠率领的东北军参加了许多重大战役：淮河阻击战、台儿庄大战、武汉保卫战、徐州会战……

1942年8月19日，于学忠率部在山东莒县唐王山一带遭遇日军和伪军包围，唐王山战役就此打响。当时，敌方的总指挥为冈村宁次，日军两个混成旅、百余门大炮和十余架飞机参战。战斗从早晨直打到下午

5点，阵地上敌人"活捉于学忠"的叫嚣不绝于耳，于学忠的右腿、右臂多处被炸伤，当时，性情刚烈的于学忠手里攥着一粒亮晶晶的金丸，对部下说："万一我们冲不出去，我就吞金殉国！我堂堂中华男儿，岂能当俘虏让国家蒙羞！"抗日战争中，于学忠曾先后四次负伤，但他始终矢志不渝。

1949年，蒋介石败逃台湾之前企图将于学忠带走，他一次次拒绝，最后隐居四川。全国解放后，周恩来总理派飞机将其全家接到北京居住，于学忠积极投身于新中国的建设事业中。

心灵物语

于学忠面对外侮针锋相对，充分表现了威武不屈的高尚民族气节。他那热忱爱国的高尚品质和不怕流血牺牲的顽强斗争精神值得我们赞颂。

史海钩沉

于学忠的东北军生涯

于学忠是东北军核心将领之一，为少帅张学良之左膀右臂。

1914年，于学忠任热河西林镇守使署中校副官长。1917年调任直系吴佩孚部北洋陆军第十八混成旅炮兵营长。1921年秋川鄂战起，川军大举进攻湖北，驻湖北的第十八旅参战失利，适两湖巡阅使吴佩孚亲临督战，于学忠往见吴佩孚，面陈战策，被采纳，经过5昼夜的激战，大获全胜，得吴佩孚赏识，提任步兵第二团团长，很快升任十八混成旅旅长。1925年10月升任14省联军第二十六师师长，1926年任长江上游警备区副司令，1926年冬任第九军军长兼荆襄警备区边防总司令等职。1926年，北伐军攻克武昌，吴佩孚主力被歼，他于1927年6月离开部队返回蓬莱故里。不久，第二次直奉战争后转投奉系张作霖，历任镇威军第四方面军团第二十军军长，后晋升陆军中将。1928年，任东北军第一军军长、东北保安司令长官公署军事参议员、临绥驻军司令。

第一篇 / 誓死不屈民族魂　　　　　　　　威武不屈故事

 伯锡尔为国捐躯

> 额尔德锡尔（生卒年不详），在位期间先后于乾隆五十五年（1790年）、乾隆六十年（1795年）、嘉庆七年（1802年）、嘉庆十四年（1809年）四次入京朝觐，每次都受到优待。乾隆帝赏赐给他黄马褂和双眼花翎，还特旨加恩在按成规需减其护卫官员的时候允许保留他的护卫官员数目。1813年，额尔德锡尔病故，其子伯锡尔承袭爵位。

在我国清代有一位维吾尔族首领，为了维护国家的统一，与叛军进行了殊死决战，战败被俘，最后慷慨赴死，为祖国献出了一片赤诚之心。他的名字叫伯锡尔。

伯锡尔的祖先是哈密的维吾尔族首领，曾经为维护祖国统一和民族团结协助清政府先后平定了准噶尔部的叛乱和南疆大小和卓的叛乱，受到清朝中央政府的褒奖，被封为哈密王，并世代相袭。伯锡尔从小就受到先人爱国思想的熏陶，热爱自己这个多民族的国家。

1820年，25岁的伯锡尔继承了哈密王的王位。他当了哈密王之后，为维护祖国统一做了许多有益的事情。

1865年，叛匪妥得璘和阿古柏等人在沙皇俄国和英帝国主义唆使支持下，纠集了一些乌合之众挑起事端，悍然侵入新疆。他们在很短的时间内攻陷了天山南北的许多城镇，一路上烧杀抢掠，奸淫妇女，无恶不作，使当地各族群众深受其害。他们还自立为王，企图建立一个王国,分裂祖国,公然与清朝中央政府对抗。

面对敌人的猖狂进攻,当地清军奋起反击,但因兵力不足,被迫退守哈密一线。敌人一步步向哈密逼近,情况十分危急。

当时已是70多岁的伯锡尔得知情况后,站在城中的一个土台上大声呼吁道:"维吾尔人,起来战斗吧!赶紧拿起武器与豺狼决斗,为祖国建功立业的时候到了!"在他的号召下,哈密的维吾尔族群众都纷纷拿起武器配合清军作战,暂时抵御住了敌人的猖狂进攻。

这一年的秋天,叛军又向哈密进逼,清军统帅战死。在这危急关头,伯锡尔率领维吾尔族民兵与清军又一次密切配合,分两路夹击敌人,终于大败叛军,保卫了哈密城。

不久,叛军又重整队伍,继续调兵遣将,妄图占领整个新疆。

1866年11月,叛军头目苏布格带领5000名叛军又一次猛攻哈密,由于敌强我弱,守军在战斗中接连失利。年迈的伯锡尔在前沿阵地上率领维吾尔人与叛军进行了殊死搏斗。他冲杀呼喊,鼓舞了许多官兵,但由于兵力相差悬殊,最终被叛军包围在城的东南角。叛军扯高了嗓门向他喊话,要他投降。

面临着生与死的抉择,伯锡尔的一颗爱国之心坚贞不渝。他站在城楼角上向下面高声说道:"我是国家的一员大臣,世代受国家优厚的赏赐,今天虽然被你们包围了,但我至死也不会投降的。我要以死报效我的祖国!"说罢,他指挥剩余的2000多人与叛军作最后搏斗,但最终全军覆没,他自己也战败被俘。

在一个荒芜的土坡下,被俘后的伯锡尔被手执各种武器的叛军们逼在中间。叛军们要他招出清军主力的布置情况,他捋了捋胡须,挺了一下胸膛,向高处走了走,然后大声说道:"你们休想从我这里得到一点儿清军情况。你们这些叛贼,总有一天要被清军斩尽杀绝的,你们的末日就要到了!"说时迟,那时快,他一边说,一边出人意料地猛然从一个叛军士卒手中夺过一柄长矛,朝身前的两个家伙狠狠刺去,两个人倒地而死。叛军头目大吃一惊,连忙指挥士卒蜂拥而上,将这位老者捉住。

当天下午,在伯锡尔号召战斗的那个土台上,被敌人五花大绑的伯锡尔站在上面,下面是许多被驱赶来的老少群众。狠毒的敌人将他周身捆裹了蘸过油的布,然后一个家伙手拿一束火把,向老人伸去了罪恶的手。在熊熊的烈火中,伯锡尔化作一尊塑像,犹如金雕铜铸的一般。

■心灵物语

"捐躯赴国难,视死忽如归"。伯锡尔壮烈殉国,他虽然就义了,但他那刚毅般的民族魂却在烈火之中得到永生!

■史海钩沉

伯锡尔效力清朝

伯锡尔继位后数年间,哈密地区基本处于无事状态。自嘉庆二十五年(1820年)后,因张格尔乱起,清廷又开始在新疆用兵。伯锡尔效仿其先辈,积极组织人力车马为清军运送军用物资,并派弟弟扎萨克伯克纳孜尔随清军效力,得到了道光帝的谕旨嘉奖。

■文苑荟萃

维吾尔族

维吾尔族主要聚居在新疆维吾尔自治区天山以南的喀什、和田一带和阿克苏、库尔勒地区,其余散居在天山以北的乌鲁木齐、伊犁等地,少量居住在湖南桃源、常德以及河南开封、郑州等地。

维吾尔族原是公元3世纪游牧于中国北方和西北贝加尔湖以南、额尔齐斯河和巴尔喀什湖一带的游牧民族。由于受部落间战争的影响,各个部落的分支逐渐迁徙西域(今新疆),先后曾被译为"韦纥""乌纥""袁纥""回纥""回鹘""畏兀儿",之后才改为"维吾尔",沿袭至今。维吾尔是"团结""联合"之意。

邓世昌殉难黄海

> 邓世昌（1849—1894年），原名永昌，字正卿，广东番禺人。邓世昌是清末海军名将，民族英雄。他自小立志海军，以御强敌。1867年邓世昌考入船政学堂海军驾驶班第一期学习，1874年以优异成绩从船政学堂毕业，被船政大臣沈葆桢奖以五品军功，派任"琛航"运输船大副。1894年9月17日，在中日黄海海战中，邓世昌与全舰官兵一同壮烈殉国。邓世昌牺牲后举国震动，光绪帝垂泪赐予谥号，御笔亲撰祭文、碑文各一篇。

1880年，李鸿章为建设北洋水师而搜集人才，因邓世昌"熟悉管驾事宜，为水师中不易得之才"而将其调至北洋属下，先后担任"飞霆""镇南"炮船管带。同年冬天，北洋水师在英国定购的"扬威""超勇"两艘巡洋舰完工，丁汝昌率水师官兵200余人赴英国接舰，邓世昌随往。1881年11月，丁汝昌一行安然抵达大沽口，这是中国海军首次完成北大西洋—地中海—苏伊士运河—印度洋—西太平洋航线，大大增强了中国的国际影响。邓世昌也因驾舰有功被清廷授予"勃勇巴图鲁"勇名，并被任命为"扬威"舰管带。

1887年春，邓世昌率队赴英国接收清政府向英、德订造的"致远""靖远""经远""来远"四艘巡洋舰，是年底回国。归途中，邓世昌沿途安排舰队操演练习。因接舰有功，邓世昌升副将，获加总兵衔，任"致远"舰管带。1888年，邓世昌以总兵记名简放，并加提督衔。是年10月，北洋海军正式组建成军，邓世昌升至中军中营副将。1891年，李鸿章检阅北洋海军,邓世昌因训练有功,获"葛尔萨巴图鲁"勇名。

1894年9月17日,在大东沟海战中,邓世昌指挥"致远"舰奋勇作战,后在日舰围攻下,"致远"多处受伤,全舰燃起大火,船身倾斜。

邓世昌鼓励全舰官兵道:"吾辈从军卫国,早置生死于度外,今日之事,有死而已!""倭舰专恃吉野,苟沉此舰,足以夺其气而成事!"毅然驾舰全速撞向日本主力舰"吉野"号右舷,决意与敌同归于尽。

倭舰官兵见状大惊失色,集中炮火向"致远"射击,不幸一发炮弹击中"致远"舰的鱼雷发射管,管内鱼雷发生爆炸导致"致远"舰沉没。

邓世昌坠落海中后,其随从以救生圈相救,被他拒绝,并说:"我立志杀敌报国,今死于海,义也,何求生为!"他所养的爱犬"太阳"亦游至他身旁,口衔其臂以救,邓世昌誓与军舰共存亡,毅然按犬首入水,自己亦同沉没于波涛之中,与全舰官兵250余人一同壮烈殉国。

邓世昌牺牲后举国震动,光绪帝垂泪撰联"此日漫挥天下泪,有公足壮海军威",并赐予邓世昌"壮节公"谥号,追封"太子少保",入祀京师昭忠祠,御笔亲撰祭文、碑文各一篇。李鸿章在《奏请优恤大东沟海军阵亡各员折》中为其表功,说:"……而邓世昌、刘步蟾等之功亦不可没者也。"清廷还赐给邓母一块用1.5公斤黄金制成的"教子有方"大匾,拨给邓家白银10万两以示抚恤。

邓家用此款在原籍广东番禺为邓世昌修了衣冠冢,建起邓氏宗祠。威海百姓感其忠烈,也于1899年在成山上为邓世昌塑像建祠,以志永久敬仰。1996年年12月28日,中国人民解放军海军命名新式远洋综合训练舰为"世昌"舰,以示纪念。

心灵物语

"气节重如泰山,利欲轻如鸿毛"。邓世昌血战日舰,殉难黄海!这一幕慷慨悲歌诠释和丰富了民族气节!正是一代又一代为捍卫国家和民族大义而坚贞不屈的仁人志士用他们的高风亮节和英勇行为捍卫了中华民族的生存和发展。

史海钩沉

威海邓世昌铜像

在威海有座环翠楼,那是与刘公岛隔海相望的一座古建筑。甲午战争以后,威海人民为了缅怀甲午战争中英勇殉国的英烈,在环翠楼上把他们当作神像供奉。民国二十八年八月二十日的《申报》,上面记载着:"威海卫有一环翠楼,楼上中堂供奉着丁汝昌、邓世昌等爱国将领本主和肖像。"

1934年5月,著名爱国将领冯玉祥将军凭吊设有邓世昌、丁汝昌牌位的威海环翠楼时写下一副楹联:劲节励冰雪,对万顷碧涛,凭此丹心垂世教;登临余感慨,望中原戎马,擎将热血拜乡贤。

1986年9月16日,山东省威海市政府和人民群众在"环翠楼公园"前举行了民族英雄邓世昌铜像揭幕仪式。这座铜像重3.5吨,底座由大理石砌成,形似"致远"舰首。铜像同底座高10.2米,邓世昌身穿披风,表情深沉,双手按着一把长长的带鞘的宝剑,十分威严。环翠楼公园广场开阔,绿草如茵,游人如织。

从红领巾到白头翁无不在邓世昌高大的铜像前凝神仰看,在此凭吊留念。

文苑荟萃

邓世昌纪念馆

邓世昌纪念馆落址于广州市海珠区邓氏宗祠内。纪念馆是轩昂气派的岭南祠堂建筑,占地4700米,碧墙灰瓦,掩映在寻常巷陌的榕荫中。庭院呈船台状,三路两进三院的格局风情典雅,通敞透亮,移步换景。有石额楹联、通花木雕点缀,更兼重门纳画、木石风神,端庄肃穆,古朴洗练。花园存有邓世昌手植苹婆树一株,枯木逢春的灵芝两枚,古树婆娑数棵。

"云台功首、甲午名留",睹物思人,邓世昌的英雄精神养育着中华民族无数风流人物之人格襟怀,激浊扬清,重塑民族大义。

第二篇
大丈夫死足何兮

晏子临危不失节

> 晏婴（公元前578—前500年），字仲，谥平，习惯上多称平仲，又称晏子。晏婴是夷维人（今山东莱州），是春秋后期一位重要的政治家、思想家、外交家。晏婴是齐国上大夫晏弱之子，以生活节俭、谦恭下士著称。据说晏婴身材不高，其貌不扬。齐灵公二十六年（公元前556年），因父亲晏弱病死，晏婴继任为上大夫。

春秋时期，齐国大夫崔杼杀死了庄公，把朝廷中的士大夫都集合在一起，要大家参加誓约，并规定誓约的人必须解下佩剑才能进去。在盟誓时，凡是誓词念得不畅快、手指没有沾血的人，就被认为对誓词心不诚，结果一连有10个人被杀。

当轮到晏子时，他捧着盛血的杯子，仰面长叹说："唉！崔杼谋杀君王，做了不合正道的事。"参加盟誓的大夫，都惊恐地看着他。

崔杼对晏子说："如果你顺从我，我和你平分齐国；如果你不顺从我，我就把你杀掉。用剑把你刺死，用戟把你钩死。希望你认真地考虑考虑。"

晏子回答说："贪图利禄而背叛国君，不是仁人；在武力威胁面前而丧失志气，不是有勇的人。"

崔杼喝令士兵用剑顶着他的胸膛，用戟钩着他的脖子，但晏子仍然面不改色，视死如归，丝毫不向崔杼屈服。

崔杼无可奈何，最终只得放过了他。

晏子从容而出，攀着绳索，登上了马车。马车夫慌忙驾车就跑，晏子抚拍着马车夫的手微笑地说："虎豹活在山林里，但它们的生命却操在厨子的手上。奔驰，不能使我们的生命增加活的可能；缓行，也不会加速我们的死亡。还是让马车按照平时的速度慢慢地离去吧！"

■心灵物语

面对崔杼的淫威，晏子面不改色，坚守自己的节操。古代士大夫注重气节和操守，甚至不惜以生命为代价去维护节操。我们不希望大家都会像晏子那样面对锋芒的利剑，但至少要学习他的那种精神。

■史海钩沉

晏子提倡以仁治国

"仁"是儒家"仁政爱民"学说的核心，也是晏子施政的中心内容。

晏子非常推崇管仲的"欲修改以晏婴见齐景公平时于天下"必须，并强调"始于爱民"。他坚持"意莫高于爱民，行莫厚于乐民"。遇有灾荒，国家不发粮救灾，他就将自家的粮食分给灾民救急，然后劝谏君主赈灾，深得百姓爱戴。对外则主张与邻国和平相处，不事挞伐。齐景公要伐鲁国，他劝景公"请礼鲁以息吾怨，遗其执，以明吾德"，景公"乃不伐鲁"。

■文苑荟萃

晏婴叔向论晋季世（节选）

既成昏，晏子受礼，叔向从之宴，相与语。

叔向曰："其何如？"

晏子曰："此季世也，吾弗知。其为陈氏矣。公弃其民，而归于陈氏。旧四量：豆、区、釜、钟。四升为豆，各自其四，以登于釜，釜十则钟。陈氏三量皆登一焉，钟乃大矣。以家量贷，而以公量收之。山木如市，弗加于山；鱼盐蜃蛤，弗加于海。民三其力，二入于公，而衣食其一。公聚朽蠹，而三老冻馁。国之诸市，屦贱踊贵。民人痛疾，而或燠休之，其爱之如父母，而归之如流水。欲无获民，将焉辟之？箕伯、直柄、虞遂、伯戏，其相胡公、大姬，已在矣！"

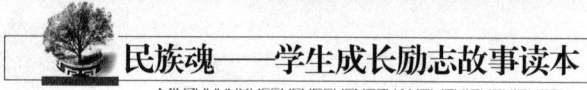

吴佩孚不屈日本人

> 吴佩孚（1874—1939年），字子玉，山东蓬莱北沟吴家村人。1898年吴佩孚投淮军，1906年任北洋陆军曹锟部管带，颇得器重，后升任旅长。护国讨袁运动兴起，随营入川镇压蔡锷领导的云南护国军。1917年7月，吴佩孚任讨逆军西路先锋，参加讨伐张勋复辟。同年孙中山组成护法军政府。1919年12月冯国璋病逝，曹锟、吴佩孚成为直系军阀首领。1939年吴佩孚被谋杀身亡，国民党政府追认为他为陆军一级上将。

民国初期，中国大地上军阀众多，他们拥兵自重，拉帮结派，先后出现了直系、皖系、奉系、安福系等许多大小军阀，他们为了各自的利益，对外寻找洋人靠山，对内攻城略地，在控制地区大搞独立王国，搞独立税收，搜刮民脂民膏，拉伕抓兵，扩大军事实力，把当时的中国搞得乌烟瘴气，百姓生活困顿不堪。

北洋政府倒台以后，这些军阀和政客们失去了生存的社会环境，纷纷躲到北平和天津蛰居起来。

抗日战争爆发后，日本侵略者占领了北平和天津。日本人需要汉奸与之合作，为日本装点面目，同时也需要汉奸出任伪职，加强日军控制，以达到"以华治华"的战略目的。在这一形势下，一群不甘寂寞、卖国求荣的民族败类活跃起来。例如，北洋军阀政府官僚曹汝霖先是参与"二十一条"和"西原借款"，出卖国家利益，后来又当起了华北敌伪政权的"咨询委员"。北洋派直系军阀齐燮元后来也抵挡不住日本人的名利诱惑，做了伪华北绥靖总司令，配合日寇"扫荡"，残杀中国人。当时，这样的汉奸在平津大有人在。

而同是军阀的吴佩孚却表现得很令人钦佩。他一不住租界，二不结交洋人，虽然他曾是反动军阀，但他从骨子里就鄙视卖国求荣者。五四运动发生时，段祺瑞卖国政府成为全国人民的众矢之的，吴佩孚当时仅是一名师长，却敢公开责骂段执政是"妖孽乱京畿"，并且接连发出通电，反对在《巴黎和约》上签字，这无疑在客观上支持了五四运动。他主张取消中日密约，反对北洋政府投靠日本帝国主义。

吴佩孚的个人操守还是令人称道的。他自幼聪慧好学，6岁入私塾，直至考中秀才。吴佩孚从小深受中国儒家文化的熏陶，将"忠孝义耻"铭刻于心。他一生崇拜关羽、岳飞等忠诚节士，认为忠义与报国是儒家的核心所在，是每个中国人应有的品质。北伐战争中国民革命军攻占武昌，吴佩孚下野，从此浪迹天涯，隐居起来。一开始他住在四川，在蜀中看戏时，他一定要整衣正冠，至城内关帝庙进香，然后才到彩棚观戏。因是下野落难之人，不能带兵打仗，他便在闲暇时广为搜集古人有关礼教的著作，编辑为《循分》一书，并亲自写了一个说明，谓"礼教救国，为亘古不易之论，故虞契敷陈五教，姬公制作周礼。汉唐宋明因之世绵国祚。秦政五季废之，以速灭亡。佩孚有鉴于此，治军洛水时，曾著短篇，以教军士，惜未扩而充之。迨到蜀后，日事闲暇，乃总揽圣经贤传，选其与礼教有关者，汇集成书，名曰《循分》，籍救国危"。

吴佩孚在对外敌入侵时更是义愤填膺，痛绝万分，恨不能立即兵戎相见，武力抵抗。

"九一八事变"后，日寇侵占东北，此时吴佩孚由成都至川甘边界之文县，得到成都邓锡侯的通知后，即与僚属紧急会商，拟趁全国卷起抗日高潮之际，及时东山再起。并立发电给成都日本领事馆，向日本提出严重抗议，指斥日本"前既据我东鲁，今又窃取我沈阳，人谋虽巧，公理难容"，劝令"早日撤军，免贻战祸"。这时，川、甘、宁、青、新五省军政首脑乘机酝酿拥吴佩孚出山抗日，主持内外军事，并联名发出咸电:"吴上将军子玉为国元老,韬晦蜀中,于兹数载,身虽寄乎山水,心常系于国家。际此外患危急之秋,翩然莅陇。谢安未老,共仰东山。矧其前戎辽东,适逢日俄战役,观察靡遗,了如指掌,应请中央及全国袍泽民众一致敦请出山。"蒋介石主持中国军政事务,当然不会支持老军阀再出山,所以吴佩孚的愿望没有实现。

第二年,吴佩孚来到北京,闲居在什锦花园公馆。这时,奉蒋介石之命不抵抗日本人而放弃东北来到华北的张学良,代理北平军分会委员长。张学良对吴佩孚很尊重,见面时执子侄礼,每月还发给吴补贴数千元。尽管如此,吴佩孚还是瞧不起丧失河山的张学良,他对身边人说:"张学良这小子没志气,忘了国仇家恨,可谓不忠不孝。"

华北沦陷,日本军国主义者出于政治上的考虑,正筹划成立华北敌伪政权。日本特务机关长喜多诚一认为吴佩孚是理想人选,派人游说吴佩孚任总统,待遇丰厚。

久蛰思动。吴佩孚是个想做事的人,他隐居江湖多年,也希望早日出山。然而,吴佩孚有自己做人的标准和选择,他对日本人说:"我诚不能与国民党合作,但也不能在日本保护下治国。如必须要我出山,则须日本退兵,由我来恢复法制。"日本人当然不能把到口的肥肉再吐还给中国人,协议未能达成。

1938年6月,日本人为了占领整个中国,又打算将华北敌伪政权与南京维新政府合并成一个汉奸政府,再次向吴佩孚许以高官厚禄。日本大特务土肥原贤二亲自到公馆游说吴佩孚,被吴佩孚拒绝。之后,土肥原仍不甘心,纠缠不休。吴佩孚为断绝日本人的纠缠,领他到内室,只见室内摆着一具棺木,旁边写有一木牌,上书"孚威将军吴佩孚之灵位,中华民国某年某月"。土肥原立时明白了吴佩孚可杀但其志不可夺的决心,从此不再登门。就这样,吴佩孚保持了一个人应有的民族气节。

吴佩孚下野蛰居江湖后几次想出山均未果。吴佩孚并不是没有出山的机会,如若他要昧着良心去做外国侵略者的傀儡,升官发财,那是极容易的事。这样一来,他给中国带来的政治军事恶果就不堪设想了。所以，尽管吴佩孚作为反动军阀对人民有过罪恶，但在民族大义面前能明辨是非，还是令人称道的。

■心灵物语

综观吴佩孚浮沉漂泊的一生，尽管他曾给时局带来过兵荒马乱，也曾血腥镇压过"二七"大罢工，但他的双膝从未向外国侵略者屈跪过。也许，他是想以晚节挽回前誉之失，毕竟他不是卖国求荣的人。

■史海钩沉

吴佩孚拒绝日本资助

1927年，吴佩孚在北伐军的打击下躲入四川后，日本第一外遣舰队司令荒城二郎少将派特务机关长与吴接触，表示日方可资助"步枪十万支、机枪二千挺、大炮五百门，子弹若干，此外并助款百万"帮助吴佩孚东山再起，被吴严辞拒绝。在吴兵败亟需财力支持的情况下，能做到不为日方利诱所动，对一个旧军阀来讲，确属难能可贵。

■文苑荟萃

《吴佩孚传》

《吴佩孚传》分上、下册，共62章，约70万言。该书详尽地描述了吴佩孚的一生。作者章君毅不惜笔墨，在全面记述吴佩孚一生的生活轨迹和行状思想的同时，重点介绍了吴佩孚的军事、政治、社会活动以及围绕着这些活动的历史背景和人物。因此，本书堪称研究、了解吴佩孚的重要著作，也是研究、了解早期民国历史的珍贵参考资料。

元景皓"宁为玉碎"

高洋（526—559年），字子进，因生于晋阳，一名晋阳乐。高洋是东魏权臣、北齐神武皇帝高欢次子、北齐文襄皇帝高澄的同母弟。天平二年，高洋封太原郡公，累迁尚书左仆射；武定五年，为尚书令、中书监、京畿大都督，又晋封为齐王，邑10万户。后逼迫东魏孝静帝元善见禅位，自立为帝，定国号为齐，改元天保，建都邺，年仅20岁。天保十年（559年），高洋去世，时年仅34岁，谥号文宣皇帝，庙号显祖。

550年，北朝东魏的孝静帝被迫将帝位让给专横不可一世的丞相高洋。从此，北齐代替了东魏。高洋心狠手辣，为斩草除根，次年又毒死了孝静帝及其三个儿子。

高洋当皇帝的第十年六月的一天，出现了日食。他担心这是一个不祥之兆——自己篡夺的皇位快保不住了，于是把一个亲信召来问道："西汉末年王莽夺了刘家的天下，为什么后来光武帝刘秀又能把天下夺回去？"那亲信说不清这是什么道理，便随便回答说："陛下，这要怪王莽自己了，因为他没有把刘氏宗室人员斩尽杀绝。"残忍的高洋竟相信了那亲信的话，马上就开了杀戒，把东魏宗室近亲44家共700多人全部处死，连婴儿也无一幸免。

消息传开后，东魏宗室的远房宗族也非常恐慌，生怕什么时候高洋的屠刀会砍到他们头上。他们赶紧聚集起来商量对策，有个名叫元景安的县令说，眼下要保命的唯一办法，是请求高洋准许他们脱离元氏，改姓高氏。

元景安的堂兄元景皓坚决反对这种做法，他气愤地说："怎么能用抛弃本宗改为他姓的办法来保命呢？大丈夫宁可做玉器被打碎，不愿做陶器得保全。我宁愿死而保持气节,不愿为了活命而忍受屈辱!"

元景安为了保全自己的性命,卑鄙地把元景皓的话报告了高洋。高洋立即逮捕了元景皓,并将他处死。元景安因告密有功,高洋赐他姓高,并且让他升了官。

但是,残酷的屠杀不能挽救北齐摇摇欲坠的政权。3个月后,高洋因病死去;又过了18年,北齐王朝也寿终正寝了。

心灵物语

元景皓"宁为玉碎,不为瓦全"的做法,体现了古人在强权和凌辱面前不低头、不屈服的浩然之气。中华历史是一部源远流长的文化长卷,其中有许许多多在死亡面前不失气节的人,他们身上也体现出了一种玉的品格。人如玉,玉如人,相互陶冶,更加丰富了中华民族的文化底蕴。

史海钩沉

北周灭北齐

北周建德四年(575年)七月,周武帝宇文邕乘北齐后主高纬昏庸政乱、内叛外离之机,出兵北齐。北齐右丞相高阿那肱领兵自晋阳救河阳,时值周武帝患病,于是撤军西返。

十月,周武帝复攻北齐,齐军大溃,遂克平阳,擒尉相贵及士卒8000人。武帝以梁士彦率军万人镇守平阳。

十一月,北齐后主率援军至平阳。周武帝见齐军兵盛,遂引军西还长安以避其锋。齐军围平阳,昼夜攻击,梁士彦督励士卒坚守。周武帝遣宇文宪领兵6万屯涑川(今山西西南部黄河支流涑水河),声援平阳,又下诏调集诸军。十二月初四,周武帝再至平阳,时诸军聚齐,达8万人,遂于城外列阵20余里。周军奋力进击,大败北齐援军,斩万余人。

齐后主败退晋阳,周武帝乘胜追击。齐后主欲奔突厥受阻,仅领数十人逃往邺(今河北临漳西南)。六年正月,周武帝率军继续追击,至邺城,齐后主领百骑东遁。周武帝入邺城,遣将追齐后主至青州(今属山东)南邓村,俘其父子等。北齐亡,北周统一北方。

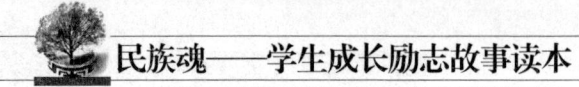

雷海青琴砸安禄山

> 安禄山（703—757年），唐朝安史之乱的祸首。营州柳城（今辽宁朝阳）杂胡。本名轧（一作阿）荦山。母突厥人。禄山少孤，后随继父改姓安，名禄山。晚年时期的玄宗政治腐败，禁军虚弱，全国军事布局内轻外重之机，以讨权臣杨国忠为名，与史思明于十四年十一月，发动叛乱，史称安史之乱。同年陷洛阳。次年正月在洛阳称大燕皇帝，建元圣武。六月陷长安。从此唐半壁江山陷于战乱之中。至德二载（757年）正月，为其子安庆绪所杀。

雷海青是唐明皇时期的一位民间艺人。他精通音律，会弹一手好琵琶，是唐乐府里的著名乐师，常入宫随侍于唐明皇和江梅妃之侧。

有一次，唐明皇和梅妃在宫中看梨园子弟演鱼龙百戏时，他看到梅妃神情恍惚，若有所思。经过询问，知道她正在怀念莆田家乡的戏，唐明皇便派雷海青到兴化调回一班荔园戏在宫中演唱。

荔园戏的舞台音乐特点与其他剧种不同的是大鼓、大吹。戏开始时，唐明皇闻大鼓之声，犹如万马奔腾，震撼天地，大有皇家的气魄。但听了不久，遂觉鼓声滚滚，不安于心，连忙说："鼓声要小一点，否则朕的心要跳出来了。"

雷海青见到戏台边有一只小石狮，就顺手搬来压在鼓面的一角，鼓声果然小了些，唐明皇很高兴。接下来，他又听乐师吹"大吹"，一时感到高亢悠扬，也有帝王之家的气派。不一会儿，又觉阵阵刺耳，又说："这样连续下去，会把朕的耳朵震聋的。"雷海青连夜改制一支"小吹"来，还比其他剧种的小吹小些，音质清和悦耳。唐明皇听了，连声说好。他高兴地把"荔园戏"的名改为"梨园戏"，即后来的莆仙戏。至今莆仙戏后台鼓师所用的大鼓上面压着一只小石狮，别的剧种用的鼓上都没有；唢呐有大吹、小吹之分，更是莆仙戏音乐的特色，其渊源就出在这里。

雷海青不仅技艺音律精湛，更可贵的是他为人正直刚毅，平素愤恨安禄山的骄恣。

唐朝开元、天宝之际，政治日趋腐败，社会矛盾尖锐。玄宗天宝十四年（755年），平卢、范阳、河东三镇节度使安禄山以诛杨国忠为名，在范阳起兵叛乱，击败唐军，攻下洛阳，次年称帝，进入长安。

安禄山攻陷长安后，照搬唐玄宗李隆基享乐的那样，将会跳舞的马和会表演的大象都养起来，又抓捕了皇家乐师演员（梨园弟子）数百人。

一天，安禄山犒赏三军，在长安西内苑重天门北凝碧池举行大宴。在宴会上，除了陈列抢来的珍宝之外，安禄山命令梨园弟子奏乐跳舞。

当时雷海青装病不去，安禄山立即下令把他押来。这些梨园弟子对叛军的野蛮行径十分不满，想到的是大唐山河破碎，生灵涂炭，人人悲伤，暗自流泪。

当命令起舞奏乐的时候，音乐不成调子，舞姿不成样子。安禄山勃然大怒，派心腹到乐队中查看，凡有泪痕者，立即推出斩首。

就在这时，雷海青再也忍不住了。他挺身而出，举起琵琶对着安禄山砸去。因为距离远，没砸中，琵琶被摔得粉碎。这时，雷海青便面向唐朝廷所在的西方放声痛哭。

安禄山气得目瞪口呆，命人将雷海青在试马殿肢解（分解四肢的酷刑）示众。

诗人王维在战乱中没来得及逃出长安，也被叛军俘获了。安禄山想利用王维为自己做事，硬是委了他一个官职。但王维服药致病，装聋作哑不去上任。安禄山恼怒地派人把他押送到洛阳，软禁在菩提寺中。

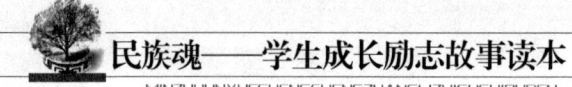

雷海青死后不久，王维的诗友裴迪来探望王维。向王维说起凝碧池宴会上所发生的事情，王维听了十分悲伤，当即吟诵了一首诗：

万户伤心野生烟，

百僚何日更朝天。

秋槐叶落空宫里，

凝碧池头奏管弦。

诗前有序说："菩提寺禁裴迪来相看，说逆贼等凝碧池上作音乐，供奉人等举声便一时泪下，私成口号诵示裴迪。"

雷海青砸琴鄙视安禄山的事迹人们争相传颂。唐明皇知道雷海青死后，遂敕封他为"天下梨园都总管"。

从此，自长安城内开始，逐渐遍及民间，广大戏班艺人都奉祀雷海青为戏祖，尊称他为"会乐宗师"，民间还立祠以祀。

▢心灵物语

古人云："志士仁人，无求生以害仁，有杀身以成仁。"这位气节高于千万人的乐工，用他的血泪铸就了一段传奇。雷海青的忠烈之举体现了中华民族的气节。

▢史海钩沉

雷海青一举成名

唐明皇"游月宫"时，羡慕天上仙乐，命乐师按其旋律谱成《霓裳羽衣曲》，因排练演奏时缺少一名吹箫的乐官，正在愁眉不展，忽有乐官奏禀，闽中莆田有一名精通韵律、能歌善舞的神童雷海青，不管什么乐器他都能奏出美妙的音乐，不管什么曲谱他都一看就会演奏，就立刻派人日夜兼程，南下寻访，宣召雷海青入官，殿试取用。

雷海青应召赴考，一举中了探花，皇后亲自为他簪花。海青拿起玉箫，当面吹起悠扬悦耳、优美动听的《霓裳羽衣曲》。满朝文武百官和乐师名伶们听了，拍手喝彩，齐声叫绝；唐明皇当即恩赐雷海青状元及第，并封他为翰林院大学士，钦赐御酒饮宴奖赏。

■文苑荟萃

梨 园

梨园原是古代对戏曲班子的别称。我国人民在习惯上称戏班、剧团为"梨园"，称戏曲演员为"梨园子弟"，把几代人从事戏曲艺术的家庭称为"梨园世家"，戏剧界称为"梨园界"等。

《新唐书·礼乐志》载："玄宗既知音律，又酷爱法曲，选坐部伎子弟三百，教于梨园。声有误者，帝必觉而正之，号皇帝梨园弟子。"可知梨园为玄宗时宫廷所设。梨园的主要职责是训练乐器演奏人员，与专司礼乐的太常寺和充任串演歌舞散乐的内外教坊鼎足而三。后世遂将戏曲界习称为梨园界或梨园行，戏曲演员称为梨园弟子。

李大钊临刑大义凛然

> 李大钊（1889—1927年），字守常，河北省乐亭县人，中国共产主义运动的先驱、伟大的马克思主义者、杰出的无产阶级革命家、中国共产党的主要创始人之一，1924年底，李大钊任党的北方区执行委员会书记；1922年受党的委托在上海与孙中山先生就国共合作问题谈判，以共产党员的身份加入国民党；1924年出席国民党一大，当选为中央执行委员；1927年4月6日被捕，4月28日被军阀张作霖秘密杀害于北京。

1927年4月6日，反动军阀在帝国主义特务的配合下，逮捕了革命先驱李大钊。

敌人在秘密审讯李大钊同志时，对他施用了各种酷刑。每次李大钊从昏迷中醒过来时总是这样一句话："我李大钊是共产党，别的一概不知道。"

军阀张作霖派自己的心腹杨玉霆去劝降。李大钊斩钉截铁地回答："宁可断头流血，决不出卖灵魂！"

李大钊同志在狱中坚持宣传马列主义，鼓舞难友们的斗志。有的看守士兵在他的影响下自愿传递消息，当了"交通员"。

党和同志们准备采取劫狱行动来营救大钊同志。李大钊知道后表示坚决反对。他说："决不能让同志们来做冒险的事，现在需要很好地保存我们的力量。"

1927年4月28日，伟大的共产主义战士李大钊同志被张作霖绞死。

临刑时，李大钊同志从容不迫，大义凛然地走上敌人的绞刑台。在绞刑架下，他慷慨激昂地发表了最后一次演说："不能因为你们今天绞死了我，就绞死了伟大的共产主义！我们深信，共产主义在世界，在中国，必然要得到光荣的胜利！"

心灵物语

这就是"节"——不屈不挠，一往无前的革命气节。李大钊"要为人间留正气"，大义凛然地牺牲在军阀张作霖的屠刀之下，发出了"试看将来的环球，必是赤旗的世界"的庄严宣告。

史海钩沉

马克思主义的传播人李大钊

十月革命一声炮响，给中国送来了马克思列宁主义。俄国社会主义革命的胜利极大地鼓舞和启发了李大钊，他以《新青年》和《每周评论》等为阵地，相继发表了《法俄革命之比较观》《庶民的胜利》《布尔什维主义的胜利》《我的马克思主义观》《再论问题与主义》等大量宣传十月革命和马克思列宁主义的著名文章和演说，阐述十月革命的意义，讴歌十月革命的胜利，旗帜鲜明地批判改良主义，积极领导和推动五四爱国运动的发展，成为中国共产主义的先驱、我国最早传播马克思主义的人。

文苑荟萃

李大钊烈士陵园

李大钊烈士陵园是为纪念中国共产主义运动的先驱、中国最早的马克思主义者、中国共产党的创始人之一李大钊烈士而建立的。

陵园位于北京西郊，在风景秀美的香山脚下、万安公墓中部，坐西朝东，是一座传统庭院式建筑，占地2200平方米。1983年10月29日落成并对外开放。

程儒香视死如归

> 程儒香（1898—1928年），河南新县箭厂河乡人。程儒香于1926年参加农民协会，1927年加入中国共产党，任箭厂河乡农民自卫军大队长。1927年11月13日，程儒香带领农民自卫队参加黄麻起义。起义失利后，他根据党组织的安排，留在本地坚持斗争。1928年1月，程儒香被敌人逮捕，并严刑逼供，程儒香坚贞不屈，后被敌人折磨至死。

1926年，中国共产党河南省新县箭河地区的革命运动蓬勃发展起来，程儒香很快成长为农民运动的骨干。在残酷的对敌斗争中，程儒香作战非常勇敢，经常手执长矛大刀，带领队员们与敌人血战，冲锋在前。1927年，他带领农民武装硬是把红旗插上了黄安城。后因敌众我寡，黄安失陷，农民革命武装被迫转移到木兰山。

根据党组织决定，程儒香被留在家乡，秘密领导农民群众继续坚持斗争。这时，地主武装"返乡团"与反动军队勾结在一起，到处搜捕共产党员和革命群众。一时白色恐怖甚嚣尘上，如乌云遮天。

1928年1月，程儒香不幸被捕。"返乡团"是群心狠手毒的反动刽子手。农民运动使他们不得不狼狈逃窜，因此对农民运动恨之入骨。在审讯程儒香时，他们软硬兼施，威胁利诱，他们得意地对程儒香狂喊道："程儒香！去年你领着自卫队分了我的粮，打死了我的哥哥，还要抓我。想不到今天你落到我的手里来了。现在，摆在你面前的只有两条路，想死想活都由你来挑选。只要你把村子里的共产党和自卫队的人都交出来，我向来以宽大为怀，以仁义为重……"

程儒香面对敌人的嚣张气焰，镇定如常，斩钉截铁地说："要杀要剐随你的便，共产党、自卫队多得很，想叫我说出来，办不到！"

敌人被顶了回去，十分恼怒，凶相毕露地说："想不到你竟然这样不识抬举！杀你是太便宜你了，我要慢慢地零刀碎剐你！"他拔出刀来残忍地割下了程儒香的左耳朵。接着，他又叫那些狗腿子们棍打鞭抽，把程儒香打得遍体鳞伤，血肉模糊。

程儒香从地上挣扎起来，用手揩了揩流在腮边的鲜血，昂首挺胸，用仇恨的目光盯着眼前的敌人，坚定地向前逼进。敌人吓得两腿如筛糠，赶紧后退。

程儒香逼进一步，咬着牙，愤恨地骂道："革命不怕死，怕死不革命。想用这一手逼我交出共产党和自卫队，瞎了你的狗眼！"

凌辱和折磨征服不了这个铁骨铮铮的共产党人。敌人只好采用"劝供"的奸计，妄图使程儒香供出他们所需要的情况。结果，又被程儒香骂得狗血淋头。

为了恫吓革命群众，敌人对程儒香进行了所谓"公开审讯"，强迫一些群众到场观看。在审讯中，对程儒香再次施用鞭抽、压杠、坐老虎凳、灌辣椒水等十余种酷刑。但程儒香坚贞不屈，始终保持了共产党人的革命气节。他以顽强的意志和毅力忍受着剧痛，利用这个机会义正词严地控诉敌人的种种罪行，并大声疾呼、高呼口号，以号召群众团结起来和敌人斗到底。

乡亲们听了程儒香对敌人的控诉和号召后，个个攥紧拳头，怒目以待。

敌人见到怒不可遏的群众，吓得心惊胆颤，不得不草草收场。"公开审讯"的阴谋遭到可耻的失败后，敌人对程儒香进行报复性刑讯，一连七天轮班拷问、逼供，但是程儒香对党、对人民忠贞不二，意志如钢，敌人越整得狠，他越显得硬，使敌人束手无策。

残暴的敌人更加恼羞成怒，他们对程儒香施以更为残酷的毒刑。在一个朔风怒号、滴水成冰的大雪天，他们把程儒香的上衣扒光，把他的四肢拉开，用四根铁耙齿把程儒香钉在箭河吴氏祠堂大门外面的青砖墙壁上。

殷红的鲜血一滴滴地染红了脚下的土地，他身上滚出了一颗颗豆大的汗珠。然而，程儒香没有呻吟，他一次又一次地昏死过去，又被一阵又一阵凛冽的朔风吹醒过来。每当他苏醒过来时，就继续痛骂敌人。敌人害怕他见到人，就把他的上眼睑割下一块皮，遮住眼珠，不让他看到来往的人。

程儒香的眼看不见了，但他一听到有人走路或说话，仍然破口大骂，凶残的敌人竟然割掉了他的舌头。

村里的群众见程儒香深受这样残酷的折磨，目不忍睹，对敌人的残暴恨得咬牙切齿。

母亲来给他喂饭，见到儿子被折磨成这样子，她抱着儿子失声痛哭。

程儒香的浩然正气吓得虚弱的敌人胆战心寒。他们见折服不了程儒香，又把他绑到村外，钉在一棵大树上对他继续进行冻饿的折磨。两天以后，程儒香壮烈牺牲了。

程儒香的英雄形象和宁死不屈的革命精神永远铭刻在人们的心里。

心灵物语

程儒香有智有勇，无私无畏。他面对敌人的屠刀，宁死不屈，大义凛然，以顽强的革命毅力，经受住了敌人的百般折磨，充分表现出红军战士的英雄气概和共产党员的高尚气节。

史海钩沉

黄麻起义

1927年11月13日，中国湖北省黄安（今红安）、麻城三万余名农民自卫军和义勇军在党的"八七"会议精神指引下和中共湖北省委领导下，攻打黄安县城，打响了鄂豫皖地区武装反抗国民党右派的第一枪，正式成立了黄安农民政府，组建了工农革命军鄂东军，史称"黄麻起义"。

第二篇 / 大丈夫死足何兮　　　　　威武不屈故事

杨靖宇不屈酷刑

> 杨靖宇（1905—1940年），河南确山人，原名马尚德，字骥生，中国无产阶级革命家，著名的抗日民族英雄，鄂豫皖苏区及其红军的创始人之一，东北抗日联军的主要领导人之一。杨靖宇在抗日战争中壮烈牺牲，被评为100位为新中国成立作出突出贡献的英雄模范之一。

杨靖宇是中国共产党哺育的伟大的共产主义战士，是一位出色的抗日民族英雄。他出生在一个贫苦的农民家庭，1927年加入中国共产党。1934年在全国第二次工农代表大会上，他被选为中华苏维埃中央政府执行委员会委员，曾担任党的区委书记、市委书记、特委书记和东北抗日联军总司令、东北抗日联军第一路军总指挥兼政委等职务。1940年2月23日，他在吉林省蒙江县（今靖宇县）壮烈牺牲。那时，他只有35岁。

1929年6月的一天，杨靖宇正在抚顺火车站的一家小饭馆里吃饭，两个日本宪兵带着一个身穿西服的中国人突然闯了进来。穿西服的人一双贼眼瞅着杨靖宇，猴子般的瘦脸朝两个日本宪兵谄媚地一扬，日本宪兵便像恶狼一样扑向杨靖宇，野蛮地把他的双手捆绑起来，双眼用一块黑布蒙住，然后恶狠狠地把他推进一辆汽车，汽车便一溜烟地开走了。

杨靖宇被捕后押进了驻在抚顺煤矿的日本兵营。当天晚上，在一间阴暗潮湿、堆满刑具的秘密审讯室里，一个会说中国话的日本特务对他开始了审讯："你叫什么名字？"

"张冠一。"杨靖宇昂首挺立，从容镇定。

"什么职业？"

"工人。"

"胡说！"日本特务拍桌大叫，"你是，共产党的奸细！"

"什么叫'奸细'，我不懂。"杨靖宇冷笑一声，以低沉而洪亮的声音，一字一句、铿锵有力地说道，"在我们的国家里，你们任意捕人，私设刑讯，为非作歹，还说我是奸细！请拿出证据来吧！"

"这就是证据，说不说？"日本特务从墙上取下皮鞭，"啪啪"地打着桌子，发疯似的吼叫。杨靖宇从鼻孔里发出"嗤"的一声，以蔑视的眼光瞥了一眼那死蛇一样的皮鞭，忿忿地说："这只能证明你们野蛮！我坚决抗议你们这种卑劣的行径！"

日本特务扬起皮鞭，朝杨靖宇劈头盖脸地乱抽，还不停地叫道："说！说！你是什么人！"

"中国人！"杨靖宇满脸流血，巍然挺立，愤怒而倔强地怒视敌寇。

"混蛋！"日本特务发狂了，鞭子一甩，守在门口的两个日本宪兵立刻窜上去把杨靖宇仰面朝天掀倒在一条长凳上，并用皮带把他的脖子和双脚死死地捆住，提起一壶早已准备好的辣椒水，朝他的鼻孔和嘴巴猛灌。辣椒水像千万根钢针，刺进杨靖宇的鼻膜、气管、肺叶……杨靖宇腹部胀起来，肺部像撕裂了一样疼痛，浑身像烈火在烤炙，他痛苦地昏死过去。

"张先生，怎么样，味道还不错吧？"日本特务在一旁哈哈狞笑，嘴角边龇出了两颗黄里泛黑的大金牙。

"呸！"杨靖宇从昏迷中苏醒过来，只是狠狠地朝日本特务吐了一口嘴里的血水。

在开封、洛阳等地做白区工作时，杨靖宇曾被敌人逮捕过，辣椒水、石灰水、火油，他都尝过；各种各样的毒刑，他都挨过。

这一次，虽然面前的敌人是更为险恶的日本帝国主义者，但是毒刑只能吓倒贪生怕死的可怜虫，绝不能征服坚强的共产党人。

正当杨靖宇被日本宪兵从长凳上解下来的时候，一个日本军官大摇大摆地走了进来，他是宪兵队长。他走到杨靖宇面前，满脸假笑，跷起大拇指，恭维地说道："你的，大大的了不起！"

接着，他转脸向几个日本兵用中国话骂了几句，就躬着身子示意杨靖宇到椅子上坐下："先生，实在对不起，请不要见怪，这是大大的误会，我们慢慢地细谈。"

杨靖宇早就看透了敌人的鬼把戏，他捋了捋胸前被敌人撕破的衣服，站在那里，昂起了头，目光像利剑一样逼视着宪兵队长。

宪兵队长碰了一鼻子灰，狼狈地歪着脑袋仰望着杨靖宇刚毅的面孔，结结巴巴地说："先生的真名实姓是什么？"

沉默了一会儿，他又死皮赖脸地问："你为什么来抚顺？"

杨靖宇还是沉默。

"你什么时候加入的共产党？"

宪兵队长沉不住气了，他像陀螺一样围着杨靖宇转，可是得到的回答依然还是沉默！

这时，宪兵队长像头突然受伤的野兽，"哇啦"一声怪叫，抽出指挥刀，"倏"地朝杨靖宇的眼前劈去。

杨靖宇的眼睛连眨都没有眨一下。

敌人把刀往旁边一扔，脱掉衣服，又亲自动手，拳打脚踢……

拷打、审问，审问、拷打，十几个日本强盗，轮番将杨靖宇折磨了五个昼夜。在这五个昼夜中，杨靖宇没吃没喝，也不能睡觉，他被拷打得遍体鳞伤，仅存一息。但是敌人无法从杨靖宇的口中获得半点儿对他们有用的东西，最后他们不得不把他押送到当时沈阳的国民党反动政府法院。

在法庭上，杨靖宇虽然眼肿了，全身血迹斑斑，双腿行走艰难，但他在"过堂"时，毫不畏惧，愤怒地指着法官大骂："你们是什么政府，眼看着外国侵略者残害中国人民！"

法官气急败坏地拍着桌子，声音嘶哑地说："听你说出这种话，就不是好人！"

杨靖宇笑了笑，说："法官先生，你太聪明了，只从一个人说话的口气上就能判断是好人坏人，这样的法官太好当啦！"

"放肆！放肆！"法官嚎叫着，"把他关起来！"

"政府不能保护人民的生命安全,反而替侵略者做爪牙来残害自己的同胞,你们有没有一点儿中国人的气节?你们做了些什么好事情?你们在老百姓头上作威作福,对侵略者却奴颜婢膝,认贼作父!这是什么法庭!这是什么政府!"

杨靖宇把法庭的被告席当成了讲演台,控诉了反动统治者的罪恶,使旁听席上的一些听众受到极大的教育。

反动的国民党政府地方法院由于抓不住凭据,无法判"罪"。为了维护日本侵略者的面子,便以一个"破坏国际团结"的莫须有的"罪状",判处了他一年半徒刑。

杨靖宇在狱中秘密组织斗争,团结教育了狱卒,与党组织取得了联系,搞到了一些马列主义著作。每天,他都借着小窗户里透进来的一线光亮不倦地读书、写作,他把监狱当作学习和战斗的另一个战场。

1930年底,杨靖宇被释放了。残酷的狱中生活,丝毫没有磨损他坚定的革命意志。一出狱,他马上找党组织,找到以后,他只简单地谈了谈狱中的情况,就要求立即工作。组织上要他先看一些党内文件,然后打算派他去哈尔滨。当时他住在市内的一家旅馆内,这家旅馆经常掩护革命同志。然而,就在他出狱后没有几天,敌人从一个刚刚被捕同志的日记本上发现了他的住址和姓名,他又一次被捕了。这是杨靖宇第五次落入敌人魔爪。杨靖宇把党的利益和革命的利益放在高于一切的地位,与前几次一样,任凭敌人百般折磨,始终严守党的机密,表现了一个共产党员坚贞不屈的崇高革命气节。

心灵物语

杨靖宇全然不顾自己的性命,誓与敌人血战到底。"明知不可为而为之",这是一个把气节看得比生命更重要的人。正是因为有了杨靖宇这样的民族英雄,中华民族才能永远高扬民族精神的旗帜,才能使民族精神永远成为自己发展进步的原动力,才能让这种精神永远承载起一个古老民族的希望,成为中华民族绵延不绝的血脉。

■ 史海钩沉

刘店秋收起义

1927年11月1日凌晨3时许,一支由杨靖宇、李鸣岐指挥的自卫军敢死队正朝刘店方向疾驰,按计划举行刘店秋收起义。其他300余名自卫军在虞松如的率领下,一面监视确山方向的敌人,一面准备刘店起义打响后,增援敢死队。

杨靖宇等指挥的起义部队神不知鬼不觉地来到刘店镇,首先杀掉东西寨门的岗哨,迅速解决了寨门楼上的团丁。起义部队一枪未发进到寨内,迅速将李广化的团部"和兴酒馆"重重包围起来。

杨靖宇指挥队员们登上"和兴号"院子四周的房顶,朝李广化的团部猛烈开火。敌人在起义军强大的政治、军事攻势下丧失了抵抗能力,纷纷把枪丢在院子里,喊道:"我们缴枪投降。"起义军一跃而上,收缴了全部枪支、弹药和粮食。经过两个多小时的英勇战斗,起义胜利。起义队伍和群众欢呼雀跃,革命的红旗又飘扬在刘店上空。

■ 文苑荟萃

纪念杨靖宇将军百年诞辰

张志真

民族英雄杨将军,战功卓著满乾坤。
三十五年峥嵘岁,一十四载戎马春。
白山黑水魂潇潇,赤县青史柏森森。
国人铭记期颐日,高歌一曲颂战神。

张剑珍临刑唱壮歌

> 张剑珍（1911—1931年），1925年参加农会和妇女协会，发动妇女开展减租减息运动；1928年到八乡山参加赤卫队，当宣传员；1930年春参加中国共产党；1930年11月在突围时被捕。在审讯中，张剑珍虽被打得皮开肉绽，却始终没有泄露半点革命机密。1931年张剑珍英勇就义。

1931年端午节的前一天，粤东五华县城关东山和北关的山头上，东西南北各条街口布满了军警岗哨。整座小山城笼罩在恐怖的气氛中。

上午9点刚过，一位遍体鳞伤、戴着手铐脚镣的年轻姑娘在荷枪实弹的军队押送下，一颠一跛地向东门方向的刑场移动。人民群众潮水般地涌在街道两旁，怀着悲痛的心情，默默地向这位姑娘告别。

她就是驰名东江，年仅20岁的红军宣传员张剑珍。

1929年冬，东江红军第四十六团成立，张剑珍为团宣传员。她活跃在枪林弹雨的火线上，用革命的思想、用战斗的歌声鼓舞士气，动员群众，瓦解敌军。

11月，五华县反动武装大举进犯华、丰红色区域。

11日，五华县警大队长张九华，纠集反动军警700多名向双华地区进犯。红军决定诱敌深入，围而歼之。张剑珍带领一个宣传组在我伏击圈内碧石岗高地进行火线宣传，鼓动和瓦解敌军。当敌军进入到碧石岗山下时，张剑珍和宣传组的同志们朝山下的敌军喊话，唱了一首《劝白兵兄弟歌》。

嘹亮的歌声在山谷中回荡。山下行进的军队有许多人停住脚步，侧耳静听。张九华见状暴跳如雷，大骂道："共产嫲，给我打！"

随着一阵阵激烈的枪声过后，歌声又响起来，此起彼伏。张九华打了好一阵，见没什么动静了，便下令军队继续前进。当敌军全部进入我伏击圈时，指挥部立即发出攻击信号，一时间枪声、杀声震天，红军赤卫队向敌军发起猛烈的攻击。敌军乱成一团，纷纷丢枪逃命，缴械投降。这一仗打死打伤敌军100多人，缴获200多支枪。反动头子张九华狼狈地逃回县城。

张剑珍坚强、勇敢的斗争精神深受红军和根据地人民群众的喜爱，人们称她为"铁姑娘"。

1930年5月，张剑珍在红十一军政治部任宣传员，同年11月被派往紫金县龙窝地区开展工作。她与四位同志从八乡山出发，途经紫金县秋溪附近一个小村庄时，由于当地反动分子告密，遭到县警大队的包围。张剑珍等人英勇抗击敌人，终因弹尽无援，不幸被捕。

她被押回五华县，关在县监狱里。面对敌人的严刑拷打，张剑珍正气凛然，不屈不挠。她编唱歌谣痛斥反动狱卒。

反动狱卒气得恶狠狠地说："如果再嘴硬，将你剥皮抽筋！"张剑珍毫不畏惧，针锋相对地仍以唱歌来还击。

反动头子张九华企图从张剑珍口中得到党和红军的机密，他见硬的不行，又挖空心思威逼利诱。他得知张剑珍是张守忠的胞妹，便把张守忠叫来劝她。张守忠来到监狱，以兄妹之情劝说剑珍自首，被严词叱责，只好溜走。

张九华说："我就不信共产党人会那么硬！"

第二天，他叫人把张剑珍押到公馆。他先打躬作揖，怪声怪气地说："姑娘，你年纪轻轻的，闹什么共产啊！只要你能改过自新，我纳你为妾，共享荣华富贵。"张剑珍一听，怒火万丈，作歌大骂张九华。

此时，张九华装作若无其事地说："你不愿意就罢了，何必发火？你若说出谁是共产党，他们那些人都在哪里，就赏你白银两万两。"

张剑珍又用严词痛斥敌人。

张九华见威逼利诱不成，便对张剑珍下了毒手。1931年6月19日，

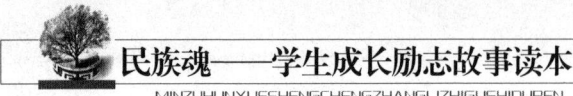

张剑珍被杀害于华城雷公墩。她临刑前唱道：

人人喊（我）共产嫌，死都唔（不）嫁张九华；

红白总要分胜负，白花谢了开红花！

张剑珍壮烈牺牲了，这首就义歌却一直在人民群众中广为流传，并被编入了1959年出版的《革命烈士诗抄》中。

▢心灵物语

张剑珍坚信共产主义真理，宁死不屈，拒不投降，显示了共产党员的崇高革命气节和坚强意志。

▢史海钩沉

根据地的减租减息运动

1937年2月10日，中共中央在致国民党五届三中全会电中即提出"停止没收地主土地之政策"。这是由土地革命政策向减租减息政策转变的开始。1937年8月22日至25日，中共中央政治局在陕北洛川召开政治局扩大会议，正式决定"以减租减息作为抗日战争时期解决农民问题的基本政策"，并列入随后公布的《抗日救国十大纲领》中。至此，减租减息的政策基本确定。洛川会议以后，减租减息政策开始在一些敌后抗日根据地实行起来。

▢文苑荟萃

《革命烈士诗抄》

《革命烈士诗抄》是为中国人民解放事业英勇献身的革命烈士的诗词选集。由萧三编辑，1959年中国青年出版社出版，1962年增订再版。《诗抄》共收录89位烈士的194首诗词。包括李大钊、瞿秋白、蔡和森、邓中夏、彭湃、恽代英、何叔衡、方志敏、王若飞、叶挺、殷夫、柔石、张剑珍等人的作品。诗词体式多样，字里行间洋溢着革命先烈的浩然正气、崇高节操和奋斗精神。

赵尚志宁死不屈

赵尚志（1908—1942年），辽宁朝阳人，抗日将领。1925年赵尚志入黄埔军校学习，1934年2月历任东北抗日联军司令、东北人民革命军第三军军长等职。1942年2月12日，赵尚志在率部袭击梧桐河警察分驻所的战斗中被内奸打伤，受伤昏迷后被日军逮捕杀害。

赵尚志是著名的东北抗日民族英雄。他一生坎坷，百折不挠，在对敌战斗中骁勇善战，中共中央发表的《八一宣言》中赞扬他是"民族英雄"。他英勇抗击日寇的业绩受到毛泽东同志的高度评价："有名的义勇军领袖杨靖宇、赵尚志、李红光等，他们都是共产党员，他们坚决抗日艰苦奋斗的战绩是人所共知的。"

1925年，赵尚志考入哈尔滨许公工业学校，开始接受革命思想，当年夏天他参加了中国共产党，是东北地区早期党员之一，在学校被推选为学生会会长。同年秋天因为搞学生运动，他被学校开除。不久，经中共哈尔滨特支书记关丽石介绍他考入黄埔军校，为第五期学员。1926年"中山舰事件"后，蒋介石开始"清党"，党派他回东北负责学运工作。赵尚志曾两次被奉系军阀逮捕入狱，敌人的严刑拷打和利诱，未能动摇他的革命意志。就这样，他度过了三年多的狱中生活。

"九一八事变"后，东北军退往关内，赵尚志获释出狱。不久，满洲省委任命他为省委军委书记，负责领导抗日武装工作。当时他化名李育戈，在共产党领导的巴彦游击队工作。在一次战斗中，他负伤失去左眼。

1934年3月末，满洲省省委联络了20余支抗日义勇军，成立东北反日联合军，他被推选为司令。后改编为东北反日游击队哈东支队，他任司令。

1935年4月，根据满洲省委紧急通知精神，赵尚志当选为北满临时省委执行委员会主席。1936年1月，东北民众反日联合军总司令部成立，赵尚志任总司令。为了打破敌人的围剿，开辟小兴安岭和嫩江平原新游击区，赵尚志率300名战士西进，纵横千里，经历大小百余次战斗，打乱了日伪军的"治安肃正计划"。后来，人们赞誉他为"中国的夏伯阳"，从而开辟了清原、木兰、巴彦、铁力等10余县为根据地。在根据地建立了小型兵工厂、被服厂、仓库和军医院，还建立了政治军事干部学校，他担任校长。此时，他领导的部队为东北人民革命军第三军。

1937年8月间，根据《八一宣言》精神和《东北抗日联军统一军队建制宣言》的要求，赵尚志被任命为东北抗日联军第三军军长，下辖10个师，全军约6000多人，活跃在松花江两岸20多个县境内。1939年后，日寇在东北地区逐渐站稳脚跟，为了后方"安全"，加大了对抗日联军的清剿力度，日伪军连续派重兵"讨伐"，抗日战争进入艰苦时期。敌人曾悬赏一万元通缉赵尚志，叫嚣"一钱骨头一钱金，一两肉一两银"。清剿不成，敌人还多次派遣特务奸细混入抗日联军内部，企图暗杀他，但赵尚志的警惕性很高，日伪阴谋均未得逞。

赵尚志一贯坚持党的正确路线，立场坚定，旗帜鲜明，在党内针锋相对地与王明、康生等人的"左"倾路线作斗争，因而曾两次被错误地开除出党，撤销党内军内职务，但他丝毫没有消沉，对党依然赤胆忠心。赵尚志第一次被错误地开除出党后，他又在哈东参加抗日义勇军，并创建了珠河东北抗日游击队，继续坚持抗日武装斗争。由于赵尚志战功卓著，党组织也查清他的冤案，所以，于1935年1月满洲省委又恢复了他的党籍。

1940年，赵尚志正在苏联境内参加党的会议，满洲省委听信内奸的造谣和诬告，又一次开除了他的党籍。赵尚志在给党中央的信里写道："党籍是每一个共产党员的生命，我一天也离不开党，希望党组织一天也不要放弃对我的领导。"表现了他对党的忠诚和爱戴。

1942年1月，他带领小分队从苏联回到东北，在梧桐河一带活动。

2月2日在袭击梧桐河警察分所时，他被乔装成老百姓的特务击伤腹部，昏迷中被俘。在他生命的最后时刻，依然与敌人进行顽强的斗争。他对审讯他的伪警察说："你们不也是中国人吗？现在你们出卖了祖国……还有什么可问的呢？"说完后，他狠狠地瞪着审讯他的敌人，闭口不语。

赵尚志为中国人民的抗日斗争流尽最后一滴血。全国解放后，黑龙江省珠河县第一届工农代表大会通过决议，把珠河县改为尚志县。在他牺牲40年后，党组织郑重地恢复了他的党籍。

赵尚志被杀害后，敌人割下他的头颅庆功，将他的躯体扔进松花江冰窟。2004年，赵尚志的颅骨在长春护国般若寺被发现。2008年10月25日，赵尚志的颅骨安葬于烈士家乡辽宁省朝阳市"赵尚志烈士陵园"。

心灵物语

赵尚志将军作为一名伟大的共产党人，身上集中体现了热爱祖国，为捍卫国家独立、民族尊严而同侵略者誓死拼争的伟大爱国主义精神和崇高的民族气节；集中体现了具有坚定的马克思主义信仰，不论在任何境况下始终忠于党，并为党的民族解放事业而英勇献身的优秀品质。

史海钩沉

赵尚志遭误解被开除党籍

1933年1月中旬，赵尚志等人突出重围悄悄潜入敌伪统治下的哈尔滨，准备向中共满洲省委汇报部队失败的原因。不料当时主持省委工作的负责人，由于此前就对赵尚志怀有成见，因此在不了解部队失败的真正原因的情况下，就擅自作出《关于开除赵尚志党籍的决议》。省委的这个决议一开始就遭到包括赵尚志本人在内的多数省委委员的反对，然而满洲省委在王明"左"倾错误的指导下，仍然顽固地坚持把赵尚志开除出党。赵尚志在给朋友的一封信中，不禁感叹："风打麦波千层浪，雁送征人一段愁，披靡无数，被屏逐于千里之外。"

罗荣德铮铮铁骨

> 罗荣德(1907—1935年),女,小名德姑子,湖雷乡车前岗一个船工的女儿。罗荣德于20岁嫁到西溪礼田坝戴屋,1927年开始参加革命活动。在"永定暴动"中,罗荣德任西溪农军连战地护士兼宣传员,后任西溪、溪南等区和县的妇女会主任。1935年冬,罗荣德被捕,在永定县城关南门坝从容就义。

罗荣德从小与孤苦的母亲相依为命,20岁那年嫁到溪田坝戴屋,永定暴动时参加革命,不久入了党。她同丈夫在礼田坝开了个剃头店作掩护,为党积极搜集、传递情报,做了大量的工作。不幸的是,1934年6月间在一次行动中被敌人发觉,夫妻俩都被捕了。

当夜,敌人对罗荣德夫妇严刑审讯,逼迫他们说出游击队的联络地点和联络方法。鞭子抽,杠子压,灌辣椒水,灌泥浆水……

罗荣德夫妇昏过去,醒过来,又昏过去……

天大亮的时候,一瓢冷水又一次把昏死的罗荣德浇醒了。在迷迷糊糊中,她听到匪徒们得意洋洋的声音:"喂,快说吧,联络点在哪里?你的老公已经投降了,他供出跑联络的是你……"

罗荣德浑身一震,吃力地睁开双眼,她不相信这是真的。然而,她看到敌人在得意地狞笑。

自己的丈夫,不!卑鄙无耻的叛徒,像狗一样怯懦地跪在敌人的脚下。此时此刻,罗荣德有说不出的懊悔和愤恨。结婚6年来,怎么就没

有看透戴梅芳原来是一个软骨头呢？

面对出卖了党的机密也背叛了自己的戴梅芳，罗荣德怒火满胸，挣扎着坐起来，两眼喷射出愤怒的火焰，随手摸到一块砖头。她正想狠狠地向叛徒砸去，一群敌人拥上来，将砖头夺下了。敌人原以为利用戴梅芳可以说动罗荣德，未曾想到戴梅芳也差点儿被砸死。

气急败坏的刽子手们便对罗荣德进行了更加野蛮、惨无人道的折磨。敌人将剥掉衣服的她扔在走廊里，让每个从走廊走过的白匪，用灼红的烟头烫她一下。有的烫手脚，有的烫脸部，有的烫胸膛，有的烫肚腹。

整整折磨了一天，罗荣德遍体鳞伤一动不动，再无声息。敌人见状，知道再也榨不出半点油水了，就叫两个老百姓把她抬到山上埋掉。

农历五月，正是闽西山区雨水最盛的季节。罗荣德的尸体被放在湿润松软的山坡上，绵绵的细雨洗净了她脸上的血污，身上的血水顺着雨水淌下，染红了身下的青草地。她的面庞显得异常宁静。

两个老乡看着这个年轻的女共产党员死得这样惨，一边摇头叹息，一边冒雨挖坑。看样子，他们是想把坑挖得深一些，才能对得起这位烈士。坑挖好了，两位老乡正想抬罗荣德下葬，突然，罗荣德的身体抽搐了一下，紧接着又轻轻"哼"了一声。两个老乡惊奇地说："她还没死，还活着！"

原来，已经昏死的罗荣德被冰冷的雨水一激，渐渐地苏醒过来。两个老乡十分同情罗荣德的遭遇，决心救她逃离虎口。为了应付差使，也为了不使敌人发现，他们在山上做了个假坟。随后，按照罗荣德的指点，把她送到罗坑联络点找到了游击队。县委书记范钦洪闻讯后，亲自把她护送到七侨红军医疗所。

经过一个多月的医治，罗荣德的伤势稍愈，就回到了游击队。

永定县委把罗荣德的事迹向省苏维埃主席张鼎丞作了专题汇报。为了表彰罗荣德，张鼎丞指示福建省军区二分区授予罗荣德一面奖旗。张鼎丞还亲自在旗上题词："不屈的女战士——罗荣德。"

罗荣德接到奖旗时，心情十分激动。这位在白匪百般凌辱和折磨面前坚强不屈的战士竟像孩子一般哭了。她用因受伤而变得沙哑的语音说:"请转达张鼎丞主席,白狗子杀不死我,我就要和他们斗到底!请批准我直接去参加战斗。"

不久,罗荣德被调到闽西南军政委员会工作,同军政委员会委员兼妇女部长的范乐春在一起,协助做部队的政治工作。张鼎丞见她伤未痊愈,要她做比较轻一点的工作,但她却不论轻重工作,每事总要抢在前头。

主力红军长征后,闽西革命斗争进入了一个更加艰苦的阶段。随闽西红军一起坚持游击战争的罗荣德,就在这期间不幸又落入敌人魔掌。

那是在1935年入冬的一天,范乐春带人下山筹粮,想让罗荣德留下。谁知她抢了一条粮袋,对范乐春说:"你是领导,眼睛又不好,我两眼好好的,两条腿又能跑,怎么能不去呢?"说完,就赶到队伍前面。

那天,天气阴沉沉、冷飕飕的。同志们刚走到西溪和湖雷交界的一个转弯山道上,突然从前面树丛里跳出一伙猎人打扮的廖瑞春团匪。罗荣德仔细一看,他们手上都端着上刺刀的步枪,后边影影绰绰还有一大帮人。罗荣德觉得情况不妙,立即转身朝另一条路上边跑边喊:"有土匪!有土匪!"这伙团匪循喊声追去。罗荣德机智地把团匪引开了,使范乐春和同志们脱离了危险。

敌人抓到罗荣德,以为可以借此邀功请赏了。匪首廖瑞春奸笑着说:"哈哈!我几次抓你,你都跑了,这次你再跑吧!"

罗荣德泰然自若地回答:"抓到又怎么样?你高兴得太早了!死了我一个,还有千千万万个革命者都会站起来的,他们会跟你算账的!"

廖瑞春无计可施,只好把罗荣德押解到县城。驻永定城关的敌军团长叶维浩亲自提审了罗荣德。

阴森森的大堂上,一边挂着各种惨无人道的刑具,另一边摆着一大堆白花花的光洋。大堂内外,刀枪林立;荷枪实弹的敌兵,如临大敌。面对敌人虚张声势的样子,罗荣德无半点儿恐惧,她从容地走上堂来。

忽然,背后传来一个熟悉的声音。她转身一看,原来是那个无耻的叛徒戴梅芳。叛徒站在离她几步远的地方,嗫嚅道:"你没有死就好团长知道你是跟张鼎丞、范乐春在一起的,只要你说出他们在哪里,就放你,跟我一块回去过好日子。这桌上的光洋就是送给我们的。我们可以……"

罗荣德不容戴梅芳再说下去。她抢上一步,朝着叛徒的脸"啪啪"地打了两记耳光:"可以什么?你的心肝都给狗吃了!你家过去是什么光景?共产党领导我们暴动,打了土豪,分了田地,使我们懂得了革命道理,使受苦受难的人真正做了主人。你却这样出卖恩人,真是连狗都不如!从你背叛那时起,你就不是我的丈夫,我也不是你的老婆。不得好死的臭东西,你给我滚出去!"

在罗荣德严厉目光的逼视下,戴梅芳用手摸着火辣辣的脸,灰溜溜地走了。

敌团长走上前来,狞笑着说:"你还是放明白一点儿,这白花花的光洋……"一言未尽,罗荣德向敌团长瞪了一眼,迈上一步,一下把桌子掀翻了,银元"咣啷啷"地满地乱滚。

敌人绝望了,终于对罗荣德下了毒手,把她押到永定城外枪杀了。英勇顽强、坚贞不屈的罗荣德牺牲前高呼:"打倒国民党反动派!中国共产党万岁!"

心灵物语

罗荣德虽然过早地离去,但她那忠于革命、忠于人民、英勇战斗、宁死不屈的革命精神一直放射出灿烂的光辉。我们应该学习她的这种视气节如山的品质,并将这种精神传承下去。

史海钩沉

永定暴动

1928年6月30日,永定县金丰、溪南、上湖雷等地数千农民群众在共产党员张鼎丞等人的领导下举行武装暴动,攻入县城,解救被捕同志。随后转入农村,领导农民打土豪、分田地,实行土地革命,建立工农民主政府。

1928年7月,暴动队伍在此成立闽西第一个红军营,张鼎丞任营长,邓子恢任党代表。同年8月,在此召开溪南区工农兵代表大会,成立了区苏维埃政府,主席是廖德修。

◻ 文苑荟萃

气节如山名言

（1）我自横刀向天笑,去留肝胆两昆仑!
（2）黄金若粪土,肝胆硬如铁。
（3）策马渡悬崖,弯弓射胡月。
（4）人头做酒杯,饮尽仇雠血。
（5）扬鞭慷慨莅中原,不为仇雠不为恩。
（6）只觉苍天方溃溃,欲凭赤手拯元元。
（7）十年揽辔悲赢马,万众梯山似病猿。
（8）我志未酬人犹苦,东南到处有啼痕。
（9）忍令上国衣冠沦于戎狄,相率中原豪杰还我河山。
（10）天下风去出我辈,一入江湖岁月摧。
（11）生当作人杰,死亦为鬼雄。

第三篇
国家尊严至高无上

王瑀维护国家尊严

> 鲜于叔明（693—787年），字晋，今度门镇人。唐德宗时期。鲜于叔明官至尚书左仆射，加太子太傅，封蓟国公。起初，鲜于叔明在剑南节度属下做判官，后被调入京中做了司勋员外郎。鲜于叔明为人正直、处事公平，经他评定的功绩和奖赏都很恰当，不但当事人满意，而且其他官员也心服口服。

唐朝乾元元年，肃宗册封回纥可汗为英武威远毗伽阙可汗，并将自己的幼女宁国公主嫁给他。

朝廷任命殿中监、汉中王王瑀为册封使，右司郎中李巽为副使，后来又增任司勋员外郎鲜于叔明为副使，一起护送公主。

皇上送宁国公主至咸阳，公主辞别时说："国事更重要，我就是死了也不会感到遗憾。"皇上流泪而回。

王瑀等人来到回纥大帐前，可汗身着赭色长袍、头戴胡帽，端坐帐中榻上，周围仪仗、侍卫庄重肃穆，有人引导王瑀等人站在帐外。

可汗见王瑀不下拜，依旧站立，就问："我与天朝可汗是两国国君，君臣有规定的礼节，为什么对我不拜？"

王瑀与鲜于叔明同时回答说："过去唐朝与各国和亲，都是以皇室贵族之女为公主嫁给各国国君。现在天子因为可汗有功，把自己亲生女儿嫁给可汗。这恩情如此之重，可汗怎能像女婿傲视丈人那样，坐在榻上接受册封呢？"

可汗听罢一改骄矜的神色，急忙起身接受册命。第二天，可汗立宁国公主为可敦（正室），回纥全国都沉浸在喜庆中。

■心灵物语

王玙并没有被可汗的话吓倒，而是义正词严地表明自己的立场。国家的尊严和自我的气节总是一体的。在一些场合下，彰显自己的贞节也同样很好地维护了国家的尊严。

■史海钩沉

唐朝与回纥的和亲

回纥与唐政和亲始于"安史之乱"，首先由回纥公主嫁给唐朝宗室。

756年，葛勒可汗出嫁可敦妹予唐朝敦煌王，肃宗封其为王妃。唐朝则有六位公主和亲回鹘，即宁国公主、小宁国公主、崇徽公主、咸安公主、寿安公主、仆固怀恩孙女等。

其中758年宁国公主出嫁葛勒可汗是中国历史上中原皇帝嫁亲女给边疆民族首领的第一次，突出体现了双方间的独特关系。和亲在客观上加强了回纥的内向力，促进了回纥与唐之间的经济文化交往。

■文苑荟萃

回　纥

回纥，后称回鹘，是中国古代北方及西北民族。唐德宗时期改称回鹘。

唐初，漠北有九姓铁勒，回鹘即其中之一。回鹘部落联盟中以药罗葛为首。后来的回鹘各可汗大多出自这个民族，驻牧在仙娥河（又名娑陵水，今蒙古色楞格河）和温昆河（今蒙古鄂尔浑河）流域。回纥人使用突厥卢尼文字，信仰原始宗教萨满教。

林摅奉使不畏权

> 林摅（生卒年不详），字彦振，福州人。其父林邵，官至显谟阁直学士。林摅以父荫入仕，累官至敕令检讨官。崇宁元年（1102年），蔡京迎合徽宗继承父兄改革之意入相，深得徽宗器重，即赐进士及第，擢起居舍人，又特命翰林学士。

宋朝时期，林摅奉命出使到北方辽国。当时宋朝国力衰微，北方的君主则骄狂放纵。他们强令林摅事事要遵照北国礼仪，对此，林摅坚决不从。

于是，辽人大为恼怒，停止了林摅的食物供应，还往林摅饮水的井里扔脏东西，林摅仍不屈服。

一天，几个带着武器的士卒押走了林摅。林摅的随行侍从被吓哭了，但林摅面不改色。

押解他的人把他带到郊外，来到养虎圈前，威胁地问林摅："看到这些恶虎有什么感受？"

林摅怒目而视，回答道："这不过是我们南朝的一只狗罢了，有何可怕？"

北方的习俗一向忌讳说狗，听到此话，押解他的人十分丧气，又无可奈何，只好把威武不屈的林摅押了回来。

■心灵物语

有气节的人,从来不会畏惧权威,不会畏惧危险,更不会畏惧死亡。奉使不辱命,林摅把国家的尊严视为自己的生命,从而令辽国对南朝产生敬畏之心。

■史海钩沉

林摅执案

崇宁五年(1106年),京中出了妖道张怀素谋反案,身为开封府尹的林摅主办这件案子。搜检审讯之下,他发现满朝文武几无不与张怀素来往,倘若认真追究,则牵连太广,林摅遂请除主犯外,其余与张怀素来往的一般信件都焚毁,以安人心。

■文苑荟萃

辽　国

辽朝(907—1125年)或称辽国、大辽、契丹,简称辽,是中国五代十国北宋时期以契丹族为主体建立的、统治中国北部的封建王朝。

辽国原名契丹,后因其居于辽河上游之故,遂称"辽","辽"字在契丹语是镔铁的意思。907年,辽太祖耶律阿保机统一契丹各部称汗,国号"契丹"。916年始建年号,947年定国号为"辽",983年曾复更名"契丹",1066年恢复国号"辽"。1125年为金国所灭。

顾维钧拒签不平等条约

顾维钧（1888—1985年），字少川，江苏嘉定（今属上海嘉定区）人。顾维钧初入旧式私塾，后于1899年考入上海英华书院，1901年考入圣约翰书院，1904年入美国哥伦比亚大学，专攻国际法及外交，获博士学位。顾维钧是中国近现代史上最卓越的外交家之一，北洋政府和国民党政府时期外交界的领袖人物，中华民国高级外交官员，被誉为"民国第一外交家"。

1914年，第一次世界大战爆发。英、德、法、俄相继投入欧洲战场，无暇东顾，也使日本获得了扩大在华势力的天时地利。8月下旬，日本迫不及待地对德宣战，11月，日军占领青岛，接管了德国在山东的权益。对德战事结束后，日本并没有如先前所说的从中国撤军，反而在1915年1月18日向袁世凯提出了臭名昭著的《二十一条》。顾维钧也正是在这时第一次正式接触了有关山东问题的对外交涉。

因为害怕其他国家干预，日本在提出《二十一条》时有一个附加条件：不许把中日交涉的有关内容泄露出去。然而，顾维钧感到此时的中国需要外来力量的支持。于是，他没有征求袁世凯的同意，悄悄把消息透露给了英、美。其他国家立即作出了一定程度的反应，对日本构成了压力。

在这种情况下，袁世凯看到对外界作一定透露有助于中国，开始有意地让顾维钧继续透露消息。这一做法最终证明是有一定效果的。由于顾维钧有着留学美国的背景，了解美国历史、政治和文化，又在这次外交中表现出了不凡的勇气和才能，其后不久，袁世凯任命顾维钧为驻美公使。

那一年，顾维钧才27岁，当时的他还有着"京城三大美男子"之一的美称。这位年轻英俊的外交官成为当时中国最年轻的驻外使节，也是华盛顿有史以来最年轻的外国使节。

1918年，第一次世界大战结束，巴黎和会即将召开。

1918年深冬，顾维钧抵达巴黎。这一年，他31岁。刚到巴黎，代表团就遭遇到了第一个打击——和会席位问题。各个国家被划分为三等。一等的五个大国英、美、法、意、日可以有5席，其他一些国家3席，一些新成立、新独立的国家2席。中国被划为最末一等，只能有两个席位，列强仍然把中国看得很低。虽只有两个席位，但5位代表可轮流出席。

在代表团排名问题上，各国又起波澜。按陆征祥报送北京的名单，顺序依次为陆征祥、王正廷、施肇基、顾维钧、魏宸组。然而，北京政府的正式命令下达时排名却被换成了陆征祥、顾维钧、王正廷、施肇基、魏宸组。这就引起了王正廷和施肇基的强烈不满，在代表团中埋下了不和的种子。随着和会的进行，代表团内部的矛盾也在不断升级。

中国准备向和会提出收回山东权利的问题，但还没来得及提出，日本先发制人，率先在5个大国的"十人会"上提出德国在山东的权益应直接由日本继承。大会通知中国代表到下午的会上作陈述，代表团接到通知时已是中午，这对于中国代表团无疑是晴天霹雳。

经过一番周折，确定由顾维钧代替王正廷出席。下午的会议作出决定，有关山东问题由中国代表次日进行陈述。

1919年1月28日，顾维钧受命于危难之时，就山东问题作了一次缜密细致、畅快淋漓的精彩发言。他从历史、经济、文化各方面说明了山东是中国不可分割的一部分，有力地批驳了日本的无理要求。

在顾维钧的雄辩面前，日本代表完全处于劣势。各国首脑纷纷向他表示祝贺，顾维钧在国内外一举成名。这次雄辩在中国外交史上地位非凡，也是中国代表第一次在国际讲坛上为自己国家的主权作了一次成功的演说。这一形势对中国的未来十分有利。

然而，到了4月，变化陡生。因分赃不均，意大利在争吵中退出了和会。日本借机要挟：如果山东问题得不到满足，就将效法意大利。为了自己的利益，几个大国最终决定牺牲中国的合法权益，先后向日本妥协，并强迫中国无条件接受。这一事件点燃了"五四运动"的火种。

1919年1月28日，美、英、法、日、中五国在巴黎讨论中国山东问题。战败的德国将退出山东，日本代表牧野先生却要求无条件地继承德国在山东的利益。中国代表顾维钧听了，站起身询问其他四国代表："西方出了圣人，他叫耶稣。基督教相信耶稣被钉死在耶路撒冷，使耶路撒冷成为世界闻名的古城；在东方也出了一位圣人，他叫孔子，连日本人也奉他为东方的圣人。牧野先生，你说对吗？"

牧野不得不承认："是的。"

顾维钧微笑道："既然牧野先生也承认孔子是东方的圣人，那么东方的孔子就如同西方的耶稣，孔子的出生地山东也就如耶路撒冷一样是东方的圣地。因此，中国不能放弃山东正如西方不能失去耶路撒冷一样！"

美国总统威尔逊、英国首相劳合·乔治和法国总理克里孟梭——巴黎和会的三巨头听完顾维钧掷地有声的声明，一起走上前去握住他的手，称他为中国的"青年外交家"。

面对如此现实，中国代表团心灰意冷，有的代表离开了巴黎，团长陆征祥住进了医院，代表团名存实亡。

在和会的最后一段时间里，顾维钧独自担当起了为中国作最后努力的职责，一直坚持到和约签订前的最后一刻。然而，不管顾维钧如何努力都没有结果，中国的正当要求一再被拒绝。保留签字不允，附在约后不允，约外声明又不允，只能无条件接受。

在如此情况下，顾维钧感到退无可退，只有拒签，表明中国的立场。他把这一想法汇报给陆征祥，陆征祥同意了他的意见。

于是，1919年6月28日，当签约仪式在凡尔赛宫举行时，人们惊奇地发现，为中国全权代表准备的两个座位上一直空无一人。中国用这种方式表达了自己的愤怒。

顾维钧在回忆录中说："汽车缓缓地行驶在黎明的晨曦中，我觉得一切都是那样黯淡——那天色，那树影，那沉寂的街道。我想，这一天必将被视为一个悲惨的日子，留存于中国历史上。同时，我暗自想象着和会闭幕典礼的盛况，想象着当出席和会的代表们看到为中国全权代表留着的两把座椅上一直空荡无人时，将会如何得惊异、激动。这对我、对代表团全体、对中国都是一个难忘的日子。中国的缺席必将使和会，使法国外交界，甚至使整个世界为之愕然，即使不是为之震动的话。"

这次拒签在中国外交的历史中具有里程碑式的意义。中国第一次坚决地对列强说"不"，打破了"始争终让"的外交局面，最后没有退让。这也是中国外交胜利的起点，之后，中国一步步夺回了丧失的主权。

巴黎和会悬而未决的山东问题，最终在1921年华盛顿会议上得到了解决。经过36次谈判，中日签署了《解决山东悬案条约》及附件，日本无可奈何地一步步交出了强占的山东权益。

此外，还有一个故事能让我们深深体会到顾维钧那不屈的气节和维护祖国尊严的正气。

1954年12月2日，台湾当局与美国经过一个月的谈判后签署《共同防御条约》。

台、美之间围绕《共同防御条约》的交涉由此进入递交各自立法机构批准的最后阶段。此时，人民解放军对在台湾当局控制下的大陈诸岛发起进攻，沿海岛屿遂成为台、美批准条约过程中的一个焦点。

围绕如何处置大陈及金门、马祖等岛屿问题，台、美之间展开了新一轮交涉。

顾维钧作为台湾当局的"驻美大使"以及谈判《共同防御条约》的两个全权代表之一（另一名为台湾"外交部长"叶公超），自始至终参与了台湾与美国间关于条约交涉的整个过程。在整个台、美交涉中，他主要是作为叶公超的副手出现。但由于其资深的经历、丰富的经验和对美国的了解，他的作用非一般副手可比。

从与美方会谈的过程来看，叶公超较为强硬，常正面表达台湾方面的立场；而顾维钧则相对灵活，多对台湾的立场进行解释说明。在会谈陷入僵持局面时，总是由顾维钧出面转圜或另提办法，如1月31日会谈中对金门、马祖在声明中的具体表达方式。

虽然因长期职业外交官经历形成的灵活应对寻求妥协的习惯，在台湾发表声明的措辞这样的问题上与蒋介石十分强硬的立场并不完全一致，但在防范由沿海岛屿问题导致"两个中国"这一点上，无论是顾维钧还是叶公超，都与蒋介石一样十分警觉，这就为台、美之间最后达成关于沿海岛屿的协议设定了一个底线。

■心灵物语

作为一名外交官，顾维均勇敢、机智、才华横溢，具有极强的爱国情感，为捍卫民族尊严、维护国家利益倾尽了全力。顾维钧以拒绝在巴黎和会对中国的不平等合约上签字显示出他非凡的民族气节。

■史海钩沉

顾维钧退而不休

顾维钧退休后打算先做三件事：疗养度假，以消除长期紧张工作带来的疲劳；写作和研究；开设事务所，提供法律咨询，解决生计问题。

顾维钧尚未着手做这三件事，台北便通知他，希望他竞选一个新的职位：联合国国际法院法官。顾维钧早年学习国际法，对此颇有兴趣，精力和履历都足以胜任。经过一番竞选，获得任命，于是走马上任到了荷兰，一干又是10年。1964年，他当选为国际法院副院长，直至1966年他才正式告退。

□文苑荟萃

顾维钧上海故居——厚德堂

厚德堂坐落于上海嘉定西门,位于上海市嘉定镇西大街9496号。该建筑由清末民初交通银行总裁顾晴川所建。现今厚德堂已被上海市于2003年11月17日命为——嘉定区登记不可移动文物。

厚德堂内有房30余间,砖木结构,平房与楼房相间,街南一开间,二进深,街北五开间,三进深。此处现为一家百货店堆杂物的地方,虽然破败,但屋檐下的雕花板、地面所铺的青砖上的连环金钱花饰都依稀可见。厚德堂内有水桥一座,水井一口,除临街平房被改造为楼房外,其余基本保持原状。门前地上是用砖铺出的清钱币形状,既象征了主人的身份,又似乎寓有"外圆内方"的意思。

顾维钧故居可以说是一个真正的博物馆,这里不仅藏有关于顾维钧的各种中外书籍,还有大量顾维钧使用过的实物,譬如他的制服、礼帽、佩刀、文具,他获得过的各种荣誉证书和批注的文件。最令人感兴趣的是顾维钧的大量照片,从他叱咤风云的年轻时代,一直到晚年的生活,在照片中都得到了展现。在这些照片中,可以看到顾维钧的自信和儒雅,他的目光神态中,没有一点儿自卑和怯懦。作为一位外交使者,他代表着一个有着五千年历史的文明古国,是一个尚未苏醒的巨人,我相信,在内心深处,他是为此自豪的,否则,他不可能有如此作为。这里陈列的展品,都是顾维钧在美国的家人提供的。

现在有关顾维钧的展品都移置到了位于嘉定城中心的法华塔院内的顾维钧纪念馆,内有顾维钧生平照片,收藏的奖章、委任状、礼服等,还有日记的原稿等。

王选奋战在伸张正义之路上

> 王选（1952—），女，祖籍浙江省义乌市崇山村，生于上海。1997年，她被推举为中国细菌战受害者诉讼原告团团长。王选被《南方周末》《中国妇女》等评为2002年年度人物；"CCTV感动中国2002年年度人物评选"中，王选又是十位获选人物之一。

一个已经年过40岁的女性，历时8年的坎坎坷坷，29次走上日本的法庭，就为了揭开一个被掩盖了60年的黑幕。

作为"侵华日军细菌战中国受害者诉讼原告团"团长，王选早在1997年前就将日本政府告上了法庭。王选不是在故意"复仇"，而是给友邦讲述什么是真正的人权与"仁道"。美国历史学家哈里斯这样评价：如果中国有两个王选，日本就会沉默。他认为，王选是一个真正爱国的中国人。

王选为什么如此执着地投身于这场细菌战官司呢？其实，这与她的知青生涯有着密切的联系。

王选的父亲原是上海市某地方法院的一名法官，在20世纪50年代被错划成"右派"。1969年夏天，只有17岁的王选被下放到离上海不远的浙江省义乌市崇山村。崇山村正好是她父亲的故乡，她的一些远房亲戚至今还生活在村子里，她在这个村子生活了近4年。

在这4年中，除了学会做一些简单的农活外，使她灵魂深感震撼的是她从村子里一些上了年岁的老人那儿听到的有关日军细菌战的种种暴行。王选说:"末日般的鼠疫灾难、强奸、抢劫、放火、活体解剖,无恶不作的日军罪行,深埋在村民们记忆中。我从村民们那里受到了最好的历史和爱国主义教育。每当我想起这些往事,心里总感到沉甸甸的。"

1991年5月,王选在日本筑波大学开始了教育学硕士学位的学习。两年后以56个学分的好成绩顺利拿到了硕士学位。从筑波大学毕业后,她进入一家日本公司。

1994年4月,王选回家乡义乌探亲。有一次,她同家里人聚餐的时候,弟弟告诉她,前不久有两位日本人专程去崇山村调查当年日军在该村从事细菌战的情况。此前不久,崇山村一位名叫王焕斌的人也曾发起过一场万人签名活动,谴责日军当年在浙江进行细菌战的暴行。

弟弟还说,日本有一些民间团体表示,如果中国当年那些曾受日军细菌战侵害的受害者或者遗属起诉日本政府,要求日本给予赔偿的话,他们将会全力支持。弟弟的一席话让她陷入了沉思:为什么中国受害者不能自己组织起来?

历史的瞬间仿佛回到了王选眼前:日本人在义乌传播鼠疫,烧了大半个村子。人还没死就把他们的肢体内脏掏了去,从肿大的淋巴里获取更强大的鼠疫细菌。王选家族里有8口人罹难,义乌崇山村有396个村民死于鼠疫。

一回到日本,王选立刻设法联系到了报纸上提到的市民团体成员松井英介和森正孝。她打电话说:"我要参加你们的调查。我是义乌人,我有义务。"在这一刹那,王选觉得叔叔的死、父亲的悲伤、自己到日本留学,这一切的一切都找到了意义。王选在日本读书、工作的平静日子就这样结束了。

1995年8月3日,日本的一些市民团体在东京举行了一次有关日军细菌战问题的国际研讨会。会上专门请来了三位中国浙江省的细菌战受害者讲述受害的经过。这三个人中就有王焕斌。王选通过弟弟和王焕斌取得了联系。不久,她就成为浙江义乌、丽水、江山、金华等地细菌战受害者诉讼调查团的一名成员,参与前期的调查取证工作。

从1995年冬到1997年春,她多次随同调查团回国进行调查工作。

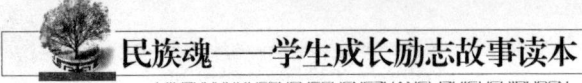

她以自己的行动感动了大家。到1997年底,"中国细菌战受害者诉讼原告团"成立时,她被推举担任这个由108位受害者代表组成的原告团团长。王选坦言:"我是一根红线。我懂得日本语言和法律;我可以方便地穿梭在中国、日本、美国之间;我经济独立,自己的一切往来费用全部自己承担,不取一分钱报酬。"

1998年1月20日,中国细菌战受害者诉讼原告团的代表定于这一天在浙江义乌召开第一次开庭前的最后一次准备会。会议决定由王选代表原告团在法庭上陈述意见。

1998年2月16日,对王选来说是一个极不寻常的日子。这一天,她终于站在日本东京地方法院的法庭上,作为"中国细菌战受害者诉讼原告团"的代表向法庭陈述意见。在法庭上,她第一次面对日本法官慷慨陈词:"50多年前,日军作为国家政策实行的细菌战,是当时即为国际法所禁止的战争犯罪。战争失败前,日本政府隐瞒了这一罪行,战后,又由于日本政府和美国对这一战争犯罪的隐瞒,在1946年东京远东国际军事法庭上,理应受到审判的细菌战战争罪犯却没有受到审判。但是,正义必定会惩罚罪恶。"法庭内异常寂静,她的发言使在场的每一个人都感到震惊,说到动情处,她情不自禁地流下热泪。

在其后近两年的时间内,这场诉讼共开庭20多次,但每一次日本政府都以"个人无权向政府索赔"为由加以拒绝。王选说:"在两年的诉讼过程中,我们的调查工作非但没有停止,而且还充分发动受害者所在的村镇行动起来,成立调查会、受害者联络会等机构,并进行大规模的宣传教育活动。"

2002年8月28日中午12时30分,一条牵动中国数十万细菌战受害者家属的消息通过越洋电话传来:侵华日军细菌战中国受害者诉讼案一审判决原告败诉!东京地方法院由审判长岩田好二宣布了一审判决:判决首次认定了由731部队等实施了细菌战,"造成好多(中国)居民死亡";但没有支持原告要求日本政府谢罪、赔偿的诉求。

对于上述判决,中国原告方立刻通过律师团提出上诉。王选和律师团团长土屋公献在记者招待会上表示,东京地方法院认定侵华日军发动细菌战的事实而驳回原告方的赔偿要求是自相矛盾的，原告方将继续彻底追究日本政府推卸了半个多世纪发动细菌战罪行的责任。

早在1994年10月，浙江省义乌市江湾乡崇山村村民就向日本驻华大使馆递交了当地一万多村民署名的"联合诉状"，就日军1940年实施细菌战所造成的伤害，向日本政府提出谢罪并赔偿的要求；1997年8月，中国浙江省和湖南常德市108名原告向日本东京地方法院正式起诉。然而，东京地方法院仅一审就经过27次庭审，在一拖再拖的情况下，等到2002年8月27日才进行一审判决。

诉讼之路可谓崎岖漫长。王选愤慨地说："打这样的官司，对中国受害者来说，绝不是为了赔偿多少钱，主要揭露历史真相，讨还历史公道，要的是日本政府对待历史真相的一个态度。"

也许一审败诉还不是最糟糕的情况，真正糟糕的是她的那一支告状大军人数越来越少。官司历经多年，六分之一的原告已去世。有的人则开始动摇，因为这些来自于中国东部和中部的年老的农民认为，在自己的有生之年是看不到官司打赢的那一天了。王选说："我最大的敌人是时间。我们需要时间，而时间却在流逝。"

然而，这个年过50岁的中国女人用铁一样的声音宣布："中国受害者将继续上诉，得不到日本政府的谢罪赔偿誓不罢休。她说，她要不惜一切代价让全世界知道，那些成千上万死得痛苦而屈辱的中国人，那些甚至连一个名字都没有留下的细菌'试验体'，曾经在地球上尊严地活过。"

王选带领着她身后的108位中国受害者代表，拨开锈蚀了60年的历史雾障，使人类文明史上最惨无人道的罪恶大白于天下；作为一个普通的中国女性，用柔弱的双肩挑起了民族道义的重担，帮助受苦受难的同胞寻求一种理性的秩序。"CCTV感动中国2002年年度人物评选颁奖晚会"的屏幕上，王选这个来自浙江义乌的传奇人物再次成为人们视线的焦点。

是的，她并没有把官司打赢，她的劳动还没有成果，但是她的行为体现出一种正义的力量。正是这种力量感动了中国。多年来，王选一直在不停地赶路。民间力量本来就松散脆弱，再加上战前战后日本销毁了大量战争罪证，致使调查异常艰难。王选踏破铁鞋寻访当年在731部队服役的日本士兵，取得了大量的第一手证词。

2003年5月20日，举世瞩目的"侵华日军细菌战中国受害者民间诉讼索赔案"在日本东京高等法院二审开庭。在法庭上，王选与其他两名中国原告严正要求日本政府对细菌战受害者谢罪赔偿。至此，王选已是第29次走上日本法庭。

王选说：一审虽然认定了事实，但我们付出的代价实在太大了，本来这是可以通过其他的途径来解决的，因为这不仅仅是一个单纯的民间赔偿问题。像细菌战这样的战争罪行问题，应该由两国最高的政治层次、外交层次来交涉。官司打到这个份儿上，我们希望能由日方、中方在更高层次上解决。

29次赴日开庭，犹如29次重大战役，指挥是一位外表柔弱内心坚强的女子，"兵马"是一群年逾古稀、身体病弱的老人。由于受政治的影响，东京法院的案件进展非常缓慢，许多时候王选不得不作为唯一的中国原告代表，一次次面对漫长的法庭审理，"这时，我感到很孤独。"王选说。

这场官司真可以说有点"知其不可为而为之"的悲壮意味。一审审了5年，二审可能又要很长时间。日本高等法院这次开庭审理虽然只有短短60分钟时间，但声援团从5月20日到5月24日开展了一系列声势浩大、正气凛然的示威游行、记者招待会、议员质询答辩会和中日友好人士恳谈会等活动。这一系列活动向日本政府和人民表达了中国人民反对战争、呼吁和平的强烈愿望，显示了中国细菌战受害者和中国人民为了让日本政府承认历史事实，为中日长远友好作不懈努力的坚定意志和宽广胸怀。不少日本市民自发地走进了游行队伍，表达他们呼唤和平、反对战争的愿望。

值得欣慰的是，这场马拉松式的正义诉讼，让许多日本人知道了从教科书上学不到的日军的战争犯罪事实，世界上进步的力量以及年轻的一代已经开始广泛参与介入，在诉讼判决之前，正义已经赢得了最广泛的支持和尊重。

王选认为，国内各界在细菌战诉讼上也可以有所作为。"对于中国来说，有不少迫切要做的事，最为紧迫的是作受害者调查。中国很多地方都有日军暴行的历史，作为中国人应该调查。这需要大量有文化的人去做。另外，对受害者调查进行公证，从程序上保证受害者调查的法律效力，但目前政府没有为这些调查作公证。同时，还需要大量的医学专家来提供细菌战医学上的判断，需要大量律师来为调查作法律上的支撑，但目前这两项支持也是非常薄弱的"。

曾有人不留情面地问她："你胡闹了这么久，官司赢不了怎么办？"

她毅然而然地说"这场官司几乎可以肯定是赢不了的，但是，她一定要让整个世界都知道日军当年是如何残杀中国人的。从法律上我们也许赢不了，但是，我们绝对要在道义上战胜他们，让他们明白真正的人权和人性……"。

心灵物语

8年来，王选这位外表柔弱的热血女子没有丝毫的懈怠与颓丧，或许她还要继续奔波忙碌下去。她面对的不是一两个对手，而是强大的日本右翼势力和一些麻木的日本民众；她承担的不是一两个人的嘱托，而是那些满身历史伤痕的人们对正义公道的追求。从这个意义上说，她的勇气、不屈不挠的精神和正义感成就的不只是她个人的辛苦的人生，而是一段不可篡改的历史和黑白分明的公道人心。

史海钩沉

731部队的鼠疫试验与开发细菌弹

731部队的鼠疫试验就是将鼠疫杆菌注入试验者体内，观察其反应。这种方法也应用在了被日本军队在边境抓住的苏联战俘身上。

731部队还开发落叶剂和细菌弹，其中最突出的"成果"是石井炸弹。后来，美军在越南使用的菠萝弹就是该弹的改进型。石井炸弹为陶瓷外壳，内装携带细菌的跳蚤。石井四郎还有一项发明是石井滤水器，以解决士兵在野外作战时的饮水的问题，算是731部队唯一有用处的发明了。

丁肇中坚持用汉语发言

> 丁肇中（1936—），美国实验物理学家。祖籍山东省日照市涛雒，华裔美国人。丁肇中现任美国麻省理工学院教授，曾获得1976年诺贝尔物理学奖。他曾发现一种新的基本粒子，并以和自己中文姓氏"丁"类似的英文字母"J"将那种新粒子命名为"J粒子"。

这是一个关于丁肇中教授维护祖国尊严、显示祖国气节的故事。

作为华人，如果在自己的祖国聚会，要用哪种语言去交谈呢？当然，这是个再普通不过的常识问题，谁还能不知道，华人该用汉语交谈呢！

然而，有一件怪异的事情，偏偏就出现了。

华人在华开会，竟然禁止讲汉语！

这件事发生在上海落幕的第四届全球华人物理学家大会上。大会上聚集了物理学界的精英，他们都是黄皮肤黑头发的中国人。

但是，从论文汇编到会议网站，从演讲到提问，甚至会场门口的指南，竟然全是英文！

这时候，有人意识到了这一点，便申请用汉语作报告，结果竟然未获准许！那些英语不是很好的华人，只好用不纯熟的英语演讲，致使论文原意不能充分表达。

一位物理学者大声说道，大多数报告用汉语完全可以讲清楚，而且更容易被听众理解！即使考虑到部分海外华裔学者的需要，至少可以采用中英双语，但这些要求被组织者以国际惯例为由而拒绝。

但是，联合国的工作语言有六种，汉语乃是其中之一。倘若说什么"国际惯例"，至少应该是包括汉语在内的六种工作语言同时使用。

随着中国国家综合实力的日渐增强，外国学汉语的人与日俱增，汉语成为世界强势语言的特征已经显现，我们为什么还要在这种场合下必须说英语呢？

这时候，丁肇中教授挺身而出。

他完全不顾这个所谓的"禁令"，坚持用汉语作报告。丁教授的英语水平毋庸置疑，但当他荣获诺贝尔奖发表演说时，却用汉语讲话。

他说汉语是他的母语。这一次，丁肇中在用汉语表达学术思想的同时，也表达了超越物理意义的文化情感。中华儿女遍布世界各国，但无论相隔多远，差别多大，他们以通用的汉语作为中华民族的主要标志，这无疑是中华民族大团结形成和巩固之基础。丁肇中教授此举令人尊敬！

丁教授最后说：诚然，我们加入世界贸易组织后，有许多事情都要跟国际接轨，但体现民族传统、民族文化、民族精神的语言文字，绝不在接轨之列。法、德等不少国家甚至拒绝在自己的文字中夹杂英文；而俄罗斯总统普京也签署命令，要求维护俄语的纯洁性。显然，语言、文字与国家、民族的命运是紧密相连的，我们能不深省吗？

说完这些话，台下寂静了数秒钟。随后，大会所有与会者都起身，为丁肇中教授这段铿锵的演讲报以雷鸣般的掌声。

□心灵物语

我们的国土神圣不可侵犯，因为那是中华民族世世代代、生生不息的地方；汉语神圣不可歧视，因为那是中华文化时时刻刻、绵绵永续的精神家园。保护我们的精神家园，维护汉语的尊严，也就是维护民族的尊严。

史海钩沉

不放过任何一个难题

1948年冬，丁肇中开始接受正规教育。受家庭的影响，他对学习一丝不苟，读书专心致志，遇到疑难问题，便找遍书本，务必得到答案才肯罢休。一次，物理老师出了一道思考题，很多同学想了想，觉得很难，就放弃了，等着老师讲解，丁肇中不是这样，他吃饭想、走路想，别的同学都出去活动了，只有他还对着那道题苦苦思索。一个小时过去了，两个小时过去了……终于想到了解决问题的方法，他马上跑到图书馆查找资料验证自己的方法是否正确，直到确认自己的解题方法没有错误，他才满意而去。课堂上他聚精会神地听课，不论对自己的答案有没有把握，他总是第一个举手回答老师的提问。课后和同学们讨论问题时，往往要辩论到"甚解"才肯罢休。他的课余时间大部分是在图书馆度过的，很少与同学一起打球、看电影。他认为"最浪费不起的是时间"。

由于丁肇中勤奋刻苦，各门功课成绩优秀，尤其突出的是数理，这为他实现终身的奋斗目标打下了扎实的基础。

文苑荟萃

丁肇中的学术贡献

（1）反氘核的发现；（2）用了25年时间进行了一系列检验量子电动力学的实验，表明电子、μ子和τ子是半径小于10~16厘米的点粒子；（3）精确研究矢量介子的实验；（4）研究光生矢量介子，证实了光子与矢量介子的相似性；（5）J粒子的发现；（6）μ子对产生的研究；（7）胶子喷注的发现；（8）胶子物理的系统研究；（9）μ子电荷不对称性的精确测量，首次表明标准电弱模型的正确性；（10）在标准模型框架内，证实了宇宙中只存在三代中微子。

第四篇
一身正气威武不屈

叔孙豹忠贞信义

> 叔孙豹（？—前537年），姬姓，叔孙氏，名豹，谥号曰"穆"，故史称叔孙穆子（亦称叔孙穆叔），春秋时期鲁国大夫。

春秋时期，为了制止各国之间战争，晋、楚、鲁及其他一些小诸侯国在虢国举行了弭兵之盟。

几年后，他们又各派使者到虢国重温盟约。没想到正在这时，鲁国的执政者季武子派兵攻打了莒国，占领了郓地，莒人就向虢国的盟会报告。

楚使对晋使说："重温旧盟还没有结束，鲁国就破坏盟约，应该把鲁国的使者叔孙豹杀死。"

当时，晋大夫乐王鲋同晋国的执政赵武一起来参加大会。他向叔孙豹索取贿赂，作为向赵武说情的条件却遭到了叔孙豹的拒绝。

叔孙豹的家臣劝他说："财货是用来保卫自身的，您有什么值得爱惜的？"

叔孙豹说："诸侯的盟会是为了保卫各自的国家。如果用贿赂免于祸害，鲁国必然要受到进攻，还谈得上什么保卫呢？人的住处之所以要有墙壁，就是用来防备坏人的，如果墙壁有了裂缝，那是谁的过错？本来是为了保卫它，现在反而受到了侵害，那我的罪过是不可饶恕的了。

虽然我应该埋怨季武子的行为不谨慎,但鲁国又有什么罪呢?"

于是,叔孙豹召见乐王鲋的使者,扯下了一片做衣裳的帛给他,并说:"革带太窄了。"

赵武听到这件事后说:"面临祸患而不忘记国家,这是忠;危急中仍忠于职守,这是信;为国家打算而不顾自己的生死,这是贞;谋事以忠、信、贞为原则,这是义。具备这四种品德的人,难道可以杀害他吗?"

于是,赵武向楚使请求赦免了叔孙豹。

心灵物语

叔孙豹的"忠贞信义"成就了他的"正气"。坚守正气就是要保持个人的独立人格,在任何情况下"不降其志,不辱其身",叔孙豹做到了。我们在感慨的同时,也要学习这种"忠贞信义",以增强我们的责任心和自信心。

史海钩沉

弭兵之盟

春秋后期,晋、楚两国国内矛盾尖锐,皆有停止争霸、弭兵(休兵)之愿。宋国执政华元、向戌倡导诸侯弭兵,晋、楚皆同意。鲁成公十二年(公元前579年),华元约合晋、楚在宋国西门外相会订盟,约定:晋楚互不交兵,互通聘使,互救灾害,互相援助抗击侵略者。鲁襄公二十七年(公元前546年),向戌因与晋赵武、楚屈建皆友善,再次倡议弭兵之盟,得到晋、楚、齐等国响应。是年夏,晋、楚、齐、鲁、卫、陈、郑、蔡、许、曹、邾、滕和宋,又在宋之蒙门(东北门)外相会订盟。盟约规定晋、楚公为霸主,余国分别向晋、楚进纳贡赋。秦、齐和晋、楚为对等大国,不向晋、楚纳贡,也不受贡赋。第二次弭兵之会后,中原诸侯间的战争得以减少。

■ 文苑荟萃

三不朽

"三不朽"是我国伦理思想史上的一个命题。春秋时期鲁国大夫叔孙豹称"立德""立功""立言"为"三不朽"。

"立德",即树立高尚的道德;"立功",即为国为民建立功绩;"立言",即提出具有真知灼见的言论。此三者是虽久不废,流芳百世的。

据说,我国历史上能够做到"三不朽"的只有两个半人,他们分别是孔子、王阳明和曾国藩(半个)。

叔孙豹并没有留下系统的社会思想,但他的"三不朽"之说却代表了这一时期社会思想的时代精神,并对后世产生了很大影响。叔孙豹"三不朽"之说同时也表现出中国人的一种人生观和社会价值观,即人生的意义就在于对社会、对他人作出有益的事业,这样一个人的自然生命可以死而朽,但他所建立的德、功、言则可以永垂不朽。支撑叔孙豹的"三不朽"之说的观念是认为一个人不应一味地为自身活着,而应为社会大群体着想,对他人、对社会群体有善意、有责任感,其道德、功业、言论才具有社会价值,才能不为后人忘却而得以"不朽"。"三不朽"是中国人传统的人生信仰,被中国历史上的精英和众多有学识的人所信奉。

四兄弟秉笔直书

> 崔杼(？—前546年),春秋时期齐国大夫,又称崔子、崔武子,齐惠公时为正卿,以弱冠之年有宠于惠公。惠公死,为高氏、国氏所逐,与国氏出奔卫国。后返齐,灵公时曾率军伐郑、秦、鲁、莒等国。灵公病危,迎立故太子姜光,即齐庄公,杀太傅高厚。几年后,其子崔成等互相争权,他上吊自杀,尸体后为景公戮曝。

战国时期,齐国的国王齐庄公被相国崔杼杀害了。崔杼串通几个人立齐庄公的兄弟为国君,自己独揽大权。

崔杼叫太史伯记录这件事,说:"你要这样写:先君是害病死的。"太史伯听了崔杼的话,严肃地说:"按照事实写历史是太史的本分,哪能捏造事实、颠倒是非呢?"

崔杼没想到一个史官无权无势,只凭一支笔却敢和自己作对。他生气地问:"那你打算怎么写?"

太史伯说:"我写给你看吧。"

等他写好后,崔杼拿过竹简一看,只见上面写着:"夏五月,崔杼谋杀国君光。"

崔杼大怒,对太史伯说:"你长着几个脑袋,敢这么写?"

太史伯说:"我只有一个脑袋,如果你叫我颠倒是非,我情愿不要这个脑袋。"

崔杼一怒之下,把太史伯杀了。

太史伯的弟弟仲接替了哥哥的职位。他把自己写的竹简拿给崔杼看,"夏五月,崔杼谋杀国君光。"

崔杼一看,气得说不出话来。他想不到天下竟有这样不怕死的人,生气地问:"你难道没看到你哥哥的下场吗?你不怕我把你也杀了吗?"

太史仲面不改色,冷笑着回答:"太史只怕不忠实,可不怕死。难道你还能杀所有的人吗?"

崔杼不再说话,吩咐手下把他也杀了。

第三个是太史叔,还是不屈服,也被崔杼杀了。

崔杼一连杀了三位太史,虽然十分生气,心里却很恐慌。等到第四位太史季上任,竹简上写的还是那句话。崔杼问:"你不爱惜生命吗?"

太史季说:"我当然爱惜生命,但要是贪生怕死,就失了太史的本分,不如尽了本分,然后去死。就是我不写,天下还有写的人。你只能不许我写,却改变不了事实。你越是杀害太史,就越显得你心虚。"

崔杼长叹了一口气,只好作罢。

太史季拿着写好的竹简从崔杼那出来,路上碰到了南史氏抱着竹简和笔迎面走来。南史氏对太史季说:"听说三位太史都被杀了,我怕你也保不住性命,是准备来接替你的。"

太史季把写好的竹简给他看,南史氏才放下心回去了。

■心灵物语

"伏清白以死直兮"是屈原《离骚》中的名句,意思是说:保持清白节操宁可为真理而死。太史伯四兄弟为了尽史官之职,不将伪史入册,前赴后继,凛然赴义的故事流传至今仍震撼人心。

■史海钩沉

崔杼杀齐庄公

齐庄公贪恋大夫崔杼之妻棠姜的美色,偷偷与其私通,一来二往就被崔杼发觉。但碍于庄公是自己的主子,崔杼一时无法动怒。然而,他无时不在寻找报复的机会。

齐国的邻国莒国黎比公前来拜访,庄公设宴招待。崔杼认为报复庄公的时机到了,他便假称生病不去赴宴,却在家里精心策划一场捉奸弑君的计谋。而好色的庄公也认为这是与棠姜幽会的好机会,就早早地离开了宴席,只带上几个护卫人员,便急促地赶到崔杼家。他让护卫待在外屋,自己径直进入棠姜的卧房,见棠姜迟迟未出来,痴情的庄公竟吟颂起情歌来。

正当棠姜翩翩而出、庄公激情澎湃时,崔杼一声令下,众杀手一拥而出,把庄公及其护卫斩尽杀绝。

□文苑荟萃

史 官

中国历代均设置专门记录和编撰历史的官职,统称史官。

各朝对史官的称谓与分类多不相同,但主要分为记录类和编纂类两类。史官刚刚出现的时候以及发展过程中的很长时间,这两者都没有太大区别,后来演化出专门负责记录的起居注史官和史馆史官,前者随侍皇帝左右,记录皇帝的言行与政务得失,皇帝不能阅读这些记录内容;后者专门编纂前代王朝的官方历史。

臧霸舍生忘死

> 曹操（155—220年），字孟德，一名吉利，小字阿瞒，沛国谯（今安徽省亳州市）人。曹操是中国东汉末年著名的军事家、政治家和诗人，三国时期魏国的奠基人和主要缔造者，后为魏王。其子曹丕称帝后，追尊为魏武帝。

臧霸是三国时期曹操手下的著名大将，曾任琅玡相，类同临沂地区行政长官第一把手。他为人正直义气，李景星在《四史评议·三国志》中称他为"气节之士"。

据《三国志》记载：方城镇古城里村在三国初年是泰山郡华县县城。臧霸的父亲臧戒在县城当管理牢狱的小官，因为性情刚直，反对泰山郡太守徇私杀人，被逮捕押送泰山郡府。年仅18岁的臧霸听说后非常气愤。他召集了十几个要好朋友前去追赶，在费县西部山道上将父亲劫回。臧霸勇猛异常，当时100多名押送士兵无一人敢上前阻拦，纷纷抱头鼠窜，各自逃命。

臧霸和父亲不敢回华县，只得流亡东南郯城一带。为混饭吃，他参加了徐州太守陶谦的队伍，不久升为骑都尉。当时，官军和黄巾军作战频繁，有本事的人往往自成一军。臧霸作战勇敢，正直义气，成为一方统帅，士兵敬服他，纷纷来投奔他，于是他拥兵自立，驻扎在临沂市北峨庄一带。

曹操讨伐吕布时，臧霸率部将孙观、吴敦、尹礼助兵吕布。吕布战败，臧霸躲藏，被曹操找到。曹操不但不杀他，反而非常喜欢他的勇武,派他招集旧部,并委他为琅玡相,兼理青徐二州。

曹操的部将徐翕、毛晖在兖州叛乱,失败后逃跑。曹操派刘备告诉臧霸,要他把徐、毛二人的首级送去。臧霸对刘备说:"我所以能自立于世,就是因为不做这样伤仁害义的事。我受曹公不杀之恩,不敢违他命令,但王霸之君可以义告,不可强迫,请你替我向他说明!"

曹操听了汇报,后来感叹地对臧霸说:"这是古人的行为,你能做到,这也是我的愿望呀!"遂不杀徐、毛,反将他们封为郡守,臧霸也以仁义受到曹操的器重。在此后的征战中,臧霸屡建战功,皆得封赏,先后封为都亭侯、威虏将军、沛国公等。

在讨伐东吴孙权的战斗中,臧霸顾全大局,舍生忘死,深得曹操赞赏,拜他为扬威将军假节。后来孙权乞降,曹操大军返回,独留臧霸和夏侯惇驻守居巢等地。

曹操儿子曹丕即位,升臧霸这位老前辈为镇东将军,进爵武安乡侯,又为执金吾。国家遇有大事,曹丕就请他拿主意,一时成为朝中重臣。臧霸死后,朝廷加封他为"威侯"。

■心灵物语

古人云:"见利不亏其义,见死不更其守。"臧霸之所以被称为"气节之士",正是因为他能够坚守正气和贞节。

■史海钩沉

臧霸忠于君主

臧霸从讨孙权于濡须口,与张辽同为前锋,遇上大雨,前锋大军先至,见江水增涨,敌船慢慢靠近,将士皆惶恐不安,张辽便有了退意。臧霸阻止张辽说:"曹公是那么英明的人,怎么可能会舍弃我们呢?"第二天,曹操果然发出撤军令。张辽以臧霸之言告诉曹操,曹操对臧霸加以赞扬,拜为扬威将军假节。后孙权请降,曹操还师,便留臧霸与夏侯惇等屯居巢。

南霁云"宁掉头颅垂青史"

> 南霁云(712—757年),生于魏州顿丘(今清丰县)南寨村农民家庭,因排行第八,人称"南八"。在平定"安史之乱"中南霁云屡建奇功。安史之乱之时,睢阳陷落,南霁云被虏,威武不屈,正气凛然地就义。

南霁云在青少年时期就勤劳能干,喜爱学习,平时收工后总要习文练武。传说他会七十二路枪法,善骑马射箭,能左右开弓,百步之内箭无虚发。因家境贫寒,他不得不弃家外出谋生,后投奔张巡部下被委以重任。

至德二年(757年),安庆绪杀死安禄山后,派汴州刺史尹子奇统兵30万攻睢阳(今河南商丘县南)。睢阳太守许远向张巡求援。张巡、南霁云引兵自宁陵向睢阳进发,攻破叛军防线与睢阳守军会合。后尹子奇披挂上阵,被南霁云一箭射中左眼。为了守住睢阳,南霁云遣南先向屯兵彭城(今徐州)的御史大夫许叔冀求援。但许叔冀无动于衷,南先愤愤而归。遂率精骑30骑突围至临淮(今江苏盱眙北)向御史大夫贺兰进明求救。

贺兰嫉妒张巡、许叔冀的名声威望和功劳业绩超过自己,不肯出兵援救。贺兰喜欢南霁云的英勇和豪壮,不听他求救的要求,硬要留他下来。

他摆酒设宴,准备了歌舞,邀请南霁云入座。南霁云情绪激昂地说:"我南霁云来的时候,睢阳城内的人已经有一个多月没东西吃了。我即使想一个人吃,道义上不忍心这样做,即使吃也咽不下去。"于是,他抽出随身佩戴的刀砍断一个手指,鲜血淋漓,来给贺兰看。满座的人非常震惊,都感动奋激得为他掉泪。

南霁云明白贺兰终究不会有为自己出兵的意思,就飞马离去了。

快要出城的时候,南霁云抽出一支箭射向佛寺的高塔,箭射中在塔上,有一半箭头穿进砖里。他说:"我这次回去,如果打败了叛贼,一定回来灭掉贺兰!这一箭就作为我报仇的记号。"

睢阳城失陷时,叛贼用刀威逼张巡投降,张巡不屈服,随即被拉走,行将斩首。

叛贼又威逼南霁云投降,南霁云没有回答。张巡对南霁云呼喊道:"大丈夫一死罢了,不能屈从不义的人!"

南霁云笑着回答说:"我原想要有所作为。现在您说这话,我敢不死吗?"随即,他又大声说道:"男子汉大丈夫,不可向不义者屈服。宁掉头颅垂青史,不留骂名在人间。"之后,他便昂首挺胸地英勇就义。

■心灵物语

为了表示自己的气节,竟然切断自己一根手指,这种气魄非常人能及。南霁云的身体虽然倒下了,但是他那正气凛然的形象却屹立不倒!

■史海钩沉

张巡草人借箭

安史之乱时,叛军不断攻城,张巡组织兵士在城头上射乱箭把叛军逼回去。但是,日子一长,城里的箭用完了。为了这件事,张巡异常心焦!

一天深夜,雍丘城头上黑魆魆一片,隐隐约约有成百上千个穿着黑衣服的兵士,欲沿着绳索爬下墙来。这件事被令狐潮的兵士发现了,赶快报

告主将。令狐潮断定是张巡派兵偷袭,就命令兵士向城头放箭,一直放到天色发白,叛军再仔细一看,才看清楚城墙上挂的全是草人。

那边雍丘城头,张巡的兵士们高高兴兴地拉起草人。那千把个草人上密密麻麻地插满了箭。兵士们粗略地点数,竟有几十万支。

■文苑荟萃

哀三城(节选)

释居简

话头讲明有定见,不与奸谄相因循。
犬戎日众我日寡,貔貅乍屈还乍信。
贺兰饱鲜芳醉醇,啮指不仇南霁云。
恸哭秦庭不肯援,有严玉帐无分兵。
借令空拳可持满,飞镐已飞风中鸣。
三城父兄一时陷,况复骨肉怀亲亲。
有生必死死有所,此死可羞尸素群。
矜韬衔略谩蠢蠢,妒功嫉效徒逡逡。
幸灾之迹弗容掩,不掉之尾何足云。
乡来益昌倡大义,阿源流芳千载荣。
胜天倘可恃人众,公道莫于行路听。
后先忠节贯日星,野史孰愈良史真。

胡铨冒死上奏"斩桧书"

> 胡铨（1102—1180年），字邦衡，号澹庵，宋庐陵（今江西吉安）人。胡铨于南宋建炎二年（1128年）进士，历任抚州军事判官、枢密院编修官，因上疏劾秦桧主和议误国，被贬。秦桧死后，诏为工部侍郎，后以资政殿学士致仕。铨移衡州，寓居西湖寺，与衡士讲学，周览衡岳之胜。传世著作有《澹庵集》100卷，《宋史》374卷。

绍兴八年（1138年），宋高宗任用被金人收买的奸臣秦桧为宰相兼枢密使。从此，这一对昏君奸臣便沆瀣一气，向金人乞和。

当时秦桧指派亲信王伦出使金国，表达议和之意，并请求金国派遣使者前来具体商谈议和之事。同年10月，金派人携国书与王伦同来临安。

金国使臣来到临安后骄横跋扈，他们把南宋当作金国的一部分，要求宋高宗赵构脱下皇袍，改穿臣服，跪拜在金使脚下接受金人的"诏书"，而且提出非常苛刻的和谈条件，要南宋对金纳贡称臣，每年向金献上25万两银、25万匹绢。

消息传出后，时任枢密院编修官的胡铨忧心如焚，他要上书高宗，斩除奸臣，以兴国家。只听他一声大吼："拿纸墨来！"

纸墨端了上来，胡铨在纸上纵笔直书，写下了历史上著名的，至今读来依然感人肺腑、痛快淋漓的奏疏《戊午上高宗封事》。

第二天,高宗又像往常一样,懒洋洋地走上殿来,对文武百官说:"有事奏上,无事退朝!"这时,胡铨从文官中走出:"臣有奏本!"

高宗接过奏本,打开一读,不由得脸上变了颜色。

胡铨在奏疏中指出:王伦是一个卑鄙小人、市井无赖,全因秦桧瞎了眼,让这种人出使金国,才招来了金使到我朝骄横跋扈。金使此行,包藏祸心,是要亡我南宋,因此,不斩王伦,国家的前途将一片渺茫。文章还以大量的事实揭露了奸相秦桧卖国求荣的罪行,指责秦桧不仅不能辅助高宗成就大业,反而把高宗推向了向金国俯首称臣的境地,应该将秦桧斩首,将头颅悬挂在金使居住的地方,以平天下人之愤!然后羁留虏使,责以无礼,并以军事力量向金国问罪。

他声明:自己"义不与桧等共戴天"!如果高宗软弱,不报国仇,不恤民情,不斩秦桧,甘向金国称臣,自己宁愿赴东海而死,也决不在金国奴役下的小朝廷苟且偷生。

这份被称为"斩桧书"的奏疏一经传出,立刻引起强烈反响。宜兴进士吴师古迅速将此书刻版印行,南宋上至官吏下至百姓争相传诵。

金人闻讯后也急忙以千金购得此书。读后君臣失色,连连惊呼:"南宋有人""中国不可轻"。

昏庸的高宗赵构和奸相秦桧看到"斩桧书"后,惊恐和愤怒达到极点。他们以"狂妄上书,语言凶悖,仍多散副本,意在鼓动,劫持朝廷"的罪名,革去胡铨官职,流放到广东去了。

此后20年,金国不敢贸然举兵进攻南宋。25年后,金国使者再次来到临安时,仍然怀着忐忑之心打听胡铨的情况。

心灵物语

胡铨一生忠诚、正直、爱国,《戊午上高宗封事》正是他坚守正气、嫉恶如仇的见证。他的事迹和精神当与岳飞、文天祥一样,永垂青史。

史海钩沉

胡铨赴前线作战

隆兴二年（1164年），胡铨升任兵部侍郎，兼中书舍人。当时，金兵向商、秦之地进发，楚荆、昭关、滁等地先后失守，只有高邮守臣陈敏顽强地拒敌于射阳湖（今江苏东部）。

由于形势十分危急，胡铨一面上表弹劾拥兵不救的大将李宝，敦促他迅速出师救援；另一方面又亲自带兵上前线抗金。时值严冬腊月，河水冻结，胡铨身先士卒，手持铁锤下河击冰。将士们深受鼓舞，一鼓作气，奋勇作战，终于击退了金兵的入侵。

文苑荟萃

吊岳飞诗

胡 铨

匹马吴江谁著鞭，惟公攘臂独争先。
张皇貔貅三千士，撑拄乾坤十六年。
堪悯临淄功未就，不知钟室事何缘。
石头城下听舆论，百姓颦眉亦可怜！

毛泽建舍生取义

毛泽建(1905—1929年),湖南湘潭韶山人,从小过继给毛泽东的父母做女儿。毛泽建于1923年加入中国共产党,同年秋考入衡阳省立第三女子师范学校。1926年夏,受党指派她与丈夫、共产党员陈芬在衡阳开展农民运动。1927年11月,她担任中共衡山县委组织和妇运委员。1928年初,她参加朱德、陈毅领导的湘南起义,担任耒阳县游击队队长。

16岁时,毛泽建就跟堂兄毛泽东一起学习革命理论并投身革命,20岁便当上了游击队队长。

1928年,在夏塘铺的一次战斗中,毛泽建和爱人陈芬不幸陷入敌人的重围,因寡不敌众,先后被捕。

不久,传来了不幸的消息:25岁的陈芬在耒阳敖山庙惯武桥上英勇就义。灭绝人性的反动派把陈芬的头割下,装在笼子里挂在耒阳城头"示众"三天。

毛泽建听了,满怀悲愤地说:"我决心继承先烈的遗志,踏着战友的血迹,与敌人斗争到底!"

井冈山根据地的红军得悉陈芬被害、毛泽建被捕,立即派出部队趁夜袭击了耒阳县团防局和所属的夏塘铺挨户团,救出了毛泽建及其战友。可是,敌人很快反扑过来,部队决定马上转移。此刻,毛泽建产期已到,行动非常艰难。同志们抬着担架来到她的跟前,要抬着她转移,

但毛泽建怕抬着担架影响转移速度,将给红军造成更大的损失,坚决不上担架。

部队迅速转移,毛泽建隐蔽在夏塘铺的一个孤老婆婆的茅屋里。

在群众家里,毛泽建生下一个男孩。为了使孩子永远记住出生时的艰难,毛泽建为他取名叫"艰生"。

艰生的哭声惊动了挨户团,毛泽建第二次被捕。刚出生的艰生也一起被关进了监狱,后经党组织救出,由陈芬的妈妈和姐姐抱走。

敌人很快查清了毛达湘就是毛泽建,是大名鼎鼎的毛泽东的堂妹,敌人认定能从她身上捞到重要机密和军事行动情报,对她看押得特别紧。

1928年6月,夏塘铺挨户团为了向上司请功领赏,把毛泽建押解到耒阳县城。7月,衡阳县国民党政府又把毛泽建从耒阳县押解到衡山县女监。

敌人先是让一个认识毛泽建的叛徒来劝降,被毛泽建痛斥了一顿,灰溜溜地走了。

敌衡山县长亲自出马审问。他学着古代县太爷的样子,坐在堂中,派三名军警到女牢去提毛泽建过堂。

"你叫什么名字?"敌县长装模作样地问。

"我叫共产党!"毛泽建声音洪亮地回答。

"我是问你的名字。"

"我叫共产党,又叫毛达湘,毛达湘就是共产党!"

"你们杀了多少人?烧了多少房子?"敌县长恼羞成怒地吼道。

"我们共产党专杀贪官污吏、土豪劣绅,对罪大恶极的才杀!"毛泽建理直气壮地斥道:"可你们对老百姓又杀又烧,是一伙披着人皮的豺狗子!"

敌县长暴跳如雷,声嘶力竭地叫嚷:"毛达湘,你至今不知悔悟,就不怕死?"

毛泽建大义凛然地说:"人穷志不短,虎死不倒威。告诉你,为了全中国人民得解放,就是把我碎尸万段,也别想叫我毛达湘向你求饶!"

敌人不但没有从毛泽建的嘴里捞到可以请功领赏的情报,反而遭到一次又一次的嘲弄、臭骂,便对毛泽建上刑:抽皮鞭、压杠子、针插指甲，辣椒水灌鼻，甚至惨无人道地用铁丝穿透她的胸膛，把她打得皮开肉绽，鲜血淋漓。

毛泽建知道敌人是不会放过自己的，她支撑着身子，给陈芬的姐姐写了一封信。信中说：

"……我将毙命……不足为奇，只是又使母亲、姐姐伤心啊！在达湘个人方面是很痛快的事，人世间的苦情已受尽了，不再增加了……各处均在反共，这是自然的，我们早就料到……我在人世不会久，要与芬同归，千万请姐姐保养身体，以养育小儿……"

毛泽建写完信，细心折叠好，交给同牢的一位老婆婆，请她设法送出去。

毛泽建虽然作了死的准备，但是她在狱中活一天还在干一天革命。她教同狱的女伴们认字，帮她们补衣、写信，向她们宣传革命道理，启发她们的阶级觉悟。她还对经常来探望她的同学、同志、亲友们讲"绳锯木断，水滴石穿"的道理，鼓励大家不要被反动派的气势汹汹吓倒。

陈芬的姐姐从耒阳县赶来看望毛泽建。毛泽建提出要在临死前看看孩子。

其实，艰生出了监狱，由于没有奶吃，生活困难，没有多久就夭折了。但是，姐姐还是含着眼泪，点着头答应了她。她回去同妈妈商量后，要了一个婴儿，送来给毛泽建看。

毛泽建抱着婴儿亲个没完。探望时间到了，看守来赶人了。毛泽建最后亲了一下孩子，对姐姐说："姐姐，请你好好抚养艰生，共产党总会有出头的一天，你们将来一定有好日子过的。"

陈芬的姐姐仍不忍心把艰生夭折一事告诉毛泽建，只是失声哭泣。

"不要哭，"毛泽建深情地拿出一份血书，上面写着誓死为党，"毛泽东是大有希望的，革命一定会胜利。"

有一个女看守经常辱骂犯人，毛泽建主动接近她，开导她："你想过没有，我们中的许多人，没有偷，没有抢，更没有杀害老百姓，只是为劳苦大众奔走，为什么要关我们、打我们，还要杀我们？"女看守感到内疚，再也不骂犯人了。后来，她还把毛泽建绣的花拿出去卖掉，给毛泽建买回纸和笔墨。

毛泽建在她生命最后的日子里仍然不忘播撒革命的火种……

1929年8月20日，衡山人民满怀悲愤，热泪盈眶，送别党的好战士，人民的优秀儿女，为人民解放而献身的英雄。

毛泽建在敌人的枪声中倒下了，时年仅仅24岁。

◻心灵物语

这就是坚贞不屈，这就是气节如山，这就是真正的女中豪杰！一个毛泽建倒下了，千万个"毛泽建"站了起来！正所谓"凤凰涅槃，浴火重生"，毛泽建这种大无畏的气节万古长存！

◻文苑荟萃

毛泽建烈士陵园

毛泽建牺牲后，当地群众将其秘密掩埋于面临湘江、背倚南岳72峰之一的巾紫峰，意喻其巍巍浩气与天地共存，如湘江长流。新中国成立后，遵照中共湖南省委的有关文件指示，1967年在其原墓的右侧新建烈士陵园。

整座陵墓为花岗石和汉白玉构筑，依次为入口、走道、墓坪、纪念塔、墓座，衬以松柏、女贞藤等名贵花草，使陵园显得庄严、肃穆、雅致。整座陵园占地5.29亩，塔高8.2米。1972年，该陵园被列为省级文物保护单位，并成为衡山县中小学生爱国主义教育基地。每年清明，少先队、共青团员都来这里献花扫墓。平时，亦有不少外来游人和当地人士瞻仰。登上陵园，仰慕英雄，肃然起敬；远眺湘江，近观美景，心旷神怡，别有一番感慨。

第一个共产党女将军李贞

李贞（1907—1990年），湖南省浏阳县人。1927年加入中国共产党。土地革命战争时期，李贞任浏东游击队士兵委员会委员长，中共平江、吉安县委军事部部长，红六军团政治部组织部部长，红二方面军政治部组织部副部长。她参加了长征。抗日战争时期，李贞任八路军妇女学校校长，陕甘宁晋绥联防军政治部组织部组织科科长。中华人民共和国成立后，李贞任西北军区政治部秘书长，中国人民解放军军事检察院副检察长，中国人民解放军总政治部组织部顾问。1955年，李贞被授予少将军衔。李贞是中国人民政治协商会议第一届全体会议代表，第五届全国人民代表大会常务委员会委员，中国共产党第七次全国代表大会候补代表，在中共第十二次全国代表大会上被选为中央顾问委员会委员。

李贞是中国共产党第一个被授予少将军衔的女将军。她小时候家很穷，6岁时就被送去当童养媳。1926年北伐军打到浏阳，李贞当时18岁，她参加了妇女协会，并担任乡妇女协会委员长。

1927年4月，大革命失败了，白色恐怖笼罩着湖南城乡。大批共产党人和农运骨干被敌人残杀，不是暴尸街头，就是割头示众，敌人也四处追捕李贞。

为了躲避敌人追捕，并寻找党组织，李贞钻进了湘赣边界的深山密林之中，她挎着竹篮子，四处寻找隐藏的共产党员。经过多日奔波，她终于找到了共产党员刘先行、刘正元和李汇东。四名共产党员会合在一起，组成了一个党支部，李贞任书记——这是济阳县永和区第一位地下党支部书记。李贞和党支部的同志继续寻找上级党组织，终于和中共湖南省委派回原籍济阳领导武装斗争的王首道接了头。

1927年9月11日，毛泽东率领秋收起义的工农队伍打进了醴陵，接着又攻进了浏阳。李贞带领党支部的同志立即投入战斗，策应部队，打击敌人。眼见游击队的实力不如敌人，她突然心生一计。她找来一个煤油桶，把浏阳盛产的鞭炮放在桶里燃放起来，那"噼噼啪啪"的声音果然吓得敌人狼狈逃窜，战斗取得了胜利。

工农革命军开赴井冈山后，李贞参加了浏东游击队，留在原地坚持武装斗争，任士兵委员长。开始，游击队只有几个人，两条枪，其余则是鸟枪、马刀、梭镖。但他们以大围山、连云山为依托，与不断来犯的敌人巧妙周旋，坚持武装斗争。

游击队日益壮大，国民党当局大为震惊。湖南军阀何键命令周翰带领一个团，同时纠集当地的团防军、联防军，向浏阳扑来，发起了冬季围剿。

李贞和游击队员一起，依靠有利地形，勇敢顽强，击溃了敌人一次又一次冲锋。战斗间隙，队长考虑李贞怀有四个月的身孕，便让她和几名游击队员先行撤离阵地。

李贞说："我是共产党员，应当让地方干部和群众先撤。"

突围的同志刚下山，就遭到预先埋伏好的敌人的疯狂扫射，除一名游击队员和几名地方干部群众突围成功外，其余同志都壮烈牺牲了。

天黑了下来，敌人燃起火把搜山。李贞临危不惧，带领游击队员顽强抵抗。子弹打光了，就搬起石头朝敌人头上砸去。从后山偷偷爬上来的敌人迂回包围过来，把李贞和几名游击队员逼退到了祖师岩的悬崖上。

"抓活的！抓活的！"敌人的嚎叫声不绝于耳。眼看敌人就要攻上来了，李贞对仅剩的四名游击队员说："不能让敌人捉活的，往下跳！"话音刚落，她第一个纵身跳下了万丈深渊。

不知过了多长时间，李贞清醒过来。她发现自己被卡在崖边的树丛中。在两名幸存的战友的搀扶下，李贞咬着牙坚持走了五六十里路，终于逃出敌人的包围，回到了游击队的驻地，重新组织人马，很快游击又恢复起来。可是她的孩子却流产了。

　　1934年8月，蒋介石调集了130个团的兵力对湘鄂川根据地发动第三次围剿。这时，李贞所在的红二、六军团已经完成了策应中央红军长征的任务，于11月中旬也踏上了万里征途。

　　李贞是怀着身孕开始长征的。一路上，她以常人难以想象的毅力，忍受着各种恶劣环境带来的重重困难，跨过了金沙江，又渡过了大渡河，翻过了雪山。在过草地中，李贞早产了。她病体还没有恢复，又没有充饥之粮，孩子饿得啼哭不止，没等走出草地，这可怜的小生命就夭折了。而李贞由于产后没能休息，再加上伤寒病的侵袭，永远失去了生育能力。

　　她不但是铁骨铮铮的伟大的共产主义战士，还是一位伟大的母亲，建国前后她先后抚养过20多名烈士的遗孤和战友的孩子。

■心灵物语

　　在白色恐怖的面前，李贞始终坚持自己的信仰，坚守一身的正气，把一切都献给了党和国家。真是"巾帼不让须眉"！我们在被她的事迹所折服的同时，也要学习她的这种精神！

■史海钩沉

母爱献给烈士遗孤

　　李贞和丈夫甘泗淇终身未育，但他们抚养了20多个烈士遗孤，把伟大的母爱无私地奉献给了孩子们。

　　抗日战争时期，任八路军120师后勤部长的陈希云，在生命垂危时对几个年幼的子女放心不下。李贞安慰他说："你安心治病吧，家里的事我们这些老战友会帮助照顾好。"随后，她把陈希云的大女儿陈小妹接到家里，从上小学、中学、大学，一直到参加工作，体弱多病的陈小妹在李贞慈母般的关怀照顾下健康幸福地成长,后来考上了解放军外语学院,成为部队的技术骨干。

朱一普是苗族老红军朱早观的女儿。朱老于1955年病逝后,李贞和甘泗淇就把朱一普接到家里抚养。朱一普患胃病,李贞特地定了份牛奶,对她进行"特殊照顾",鼓励她养好身体,好好学习,将来做一个对国家对人民有用的人。

这些烈士的后代相聚在李贞家,每次吃饭都要摆上两三桌。星期天和节假日,李贞还抽空带孩子们去看电影、逛公园,大家庭里充满了温暖,其乐融融。

■文苑荟萃

坐脸盆解围

1934年8月7日晚上,李贞告别亲人,告别苏区,义无反顾地随队离开湘赣根据地,突围西征。蒋介石从湖北、贵州、江西、云南调动大批人马,对我军团围追堵截,还派飞机轰炸,企图将六军团一口吃掉。六军团在任弼时、肖克、王震的领导下,粉碎了敌人一次又一次的围剿,消灭了大批敌军和出没于山林的土匪。

部队刚到甘溪,就与敌军大部队遭遇上了。因敌我兵力太悬殊,我军战斗失利,部队被截为数段。

当时,李贞肩负着寻找前卫部队传达肖克军团长和王震政委指示的任务。她攀上大山,且战且走。山高路陡,暴雨如注,树林里草深路滑,且后有追兵。

李贞心急火燎,猛然看见前面走着一位首长的警卫员。她追上去一看他的挑子里有一个洗脸盆,灵机一动,坐上脸盆就朝陡坡下滑去。滑到半山腰,她跌了个筋斗,脸盆也被甩在一边,衣服也划破了!她顾不上疼痛,爬起来向山下跑,及时完成了任务。

《挺进报》编辑陈然

> 陈然（1923—1949年），原名陈崇德，河北省香河县人。1939年，陈然加入中国共产党，曾任中共重庆地下党主办的《挺进报》特别支部书记，并负责《挺进报》的秘密印刷工作。1948年4月，陈然被捕，后在狱中坚持斗争，写下了不朽的诗篇《我的自白书》。

陈然小学毕业后就读于职业学校，抗战爆发初毕业。他对日寇侵略祖国的暴行非常愤慨，毅然投身于抗日救国运动。1939年，陈然加入中国共产党。1940年，陈然得到组织批准去延安，却因患病未能成行而留在了重庆。1945年8月15日，中国民主同盟发表《在抗战胜利中的紧急呼吁》，提出"民主统一、和平建国"的口号。已与党组织失去联系的陈然认为，民盟的主张符合全国人民的愿望，其基本观点与中国共产党关于建立民主联合政府等主张是一致的，便毅然加入了中国民主同盟。此后，他以民盟盟员的公开身份积极组织进步青年，团结群众，参加民主运动。

1946年1月，国民党政府在全国人民要求和平民主的压力下，被迫召开了有中国共产党和民主同盟参加的政治协商会议。开会期间，重庆各界人民为促使会议成功，组成政治协商会议陪都各界协进会，每天在沧白堂集会，邀请政协代表报告会议进展情况。有一次，正当政协代表宣讲时，遭到国民党特务的捣乱，暴徒们谩骂、殴打会场主持人和听讲群众。在混乱之际，陈然挺身而出，率领群众与暴徒搏斗，并当众发表演说，愤怒斥责国民党特务破坏政协的罪恶行径，被特务打成重伤。他的举动得到了群众的赞扬，也引起了党组织的关注。

　　1947年，陈然在重庆重新找到地下党，并恢复了组织关系。1947年2月《新华日报》撤退后，为了把党的声音继续传播出去，他与几位同志共同研究，决定从香港来的进步刊物中选择一些消息、报道和文章加以翻印发表。1947年5月，一份无名的油印报与记者见面了，它就是《挺进报》的前身，后经中共重庆市委正式命名为《挺进报》。

　　陈然和另一位民盟盟员刘国鋕负责该报的编辑、印刷和发行工作。这一切工作都只能是在夜深人静的时候秘密而紧张地进行。除《挺进报》外，党组织还交给他印刷党的刊物《反攻》，经过几个寒风凛冽的夜晚，几千册《反攻》油印小册子很快印成。为了减少中间环节，更好地做好保密安全工作，陈然一人身兼数职，刻板、印刷、分送几乎都由陈然一人在夜间完成。1948年1月，中共重庆市委在《挺进报》建立了党的特别支部，陈然同志担任特支组织委员、书记，肩负起保护周围同志安全的重任。当时，他利用中国粮食公司机器厂代理厂长身份为掩护，妥善安排转移了一些受到特务注意而有被捕危险的同志。

　　1948年4月初，《挺进报》终于被敌人发现。国民党特务到处寻找《挺进报》的印刷场所和人员。陈然得知这一情况毫不畏惧，仍然坚持出版。由于叛徒出卖，4月22日，当陈然正赶印最后一版《挺进报》时，被特务包围而被捕。

　　陈然被捕后，囚于臭名昭著的白公馆。敌人对他施用了老虎凳、电刑、假活埋等许多酷刑，他始终坚贞不屈，保持了共产党员的崇高气节。敌人没能从他嘴里得到任何线索，听到的只是他自豪地承认自己是共产党员、民盟盟员、《挺进报》编辑。

　　在白公馆里，陈然利用半截铅笔和一些包香烟的薄纸秘密写成纸条，传播解放战争的胜利消息，极大地鼓舞了狱中革命者的斗志，大家都风趣地称它为白公馆版《挺进报》。1949年10月28日，敌人将陈然公开枪杀于大坪。临刑时他高呼革命口号，英勇就义，时年26岁。

◻ 心灵物语

陈然为了气节和理想,选择了舍生取义。这就是一个共产党人的凛然正气,这就是一个革命者"头可断,血可流,志不可屈"的高尚人格和浩然气节!

◻ 史海钩沉

《挺进报》第一期的诞生

陈然被捕后,在白公馆集中营里,敌人害怕陈然向其他"政治犯"传播消息,就把他独自囚禁在楼上一间小牢房里。正是在这座阴湿的牢笼里,诞生了"白公馆版"的《挺进报》。

原来,陈然所在的那间牢房,早就被难友们打穿了一个秘密孔道,可以和楼下的难友们取得联系。通过这个小小的孔道,狱中党组织传给陈然半截铅笔和一些香烟盒纸,要他把外面的消息写在纸上传递出来。陈然忍着剧烈的伤痛,把牢房当作战场,立即投入了战斗。在一张香烟盒纸上,他端端正正地写上了《挺进报》第一期,白公馆出版。我党我军最近的胜利消息就这样秘密地传遍了各个牢房,使坚持狱中斗争的同志们受到了极大的鼓舞。